中国非物质文化遗产代表作丛书

主编 王文章

翟风俭 著

# 妙峰山庙会

文化艺术出版社
Culture and Art Publishing House

## "中国非物质文化遗产代表作丛书"编委会名单

主　编：王文章
副主编：马文辉　刘　茜　吕品田
委　员：（以姓氏笔画为序）
　　　　马盛德　乌丙安　田　青　刘文峰　刘魁立
　　　　沈　梅　屈盛瑞　周小璞　罗　微　资华筠

# 总 序

王文章

伴随着新世纪的开始，我国的非物质文化遗产保护工作已走过了十几个年头。短短的十几年时间，中国的非物质文化遗产保护取得了令世人瞩目的成就，总体上呈现出持续健康发展的良好局面。

一是符合我国国情的非物质文化遗产保护体系初步建立，非物质文化遗产保护理念逐渐深入人心。在党中央、国务院的高度重视下，在各级党委政府的大力支持和社会的广泛参与下，在各级文化部门的共同努力下，我国的非物质文化遗产保护体制、机制从无到有，逐步建立起来，并已发展为比较健全的四级名录保护体系和传承人保护制度。在进行全国非物质文化遗产资源普查的基础上，国务院已公布了三批共1219项国家级非物质文化遗产名录，文化部公布了三批共1488名国家级非物质文化遗产项目代表性传承人。各省、市、自治区也公布了省级保护名录项目8566项，代表性传承人9564名。我国的非物质文化遗产保护，已从十多年前单个的项目性保护，走上了整体性保护、科学保护和依法保护阶段。非物质文化遗产的重要价值和保护的意义越来越被人们所普遍认知和理解，人们越来越珍视优秀传统文化，全社会对非物质文化遗产保护工作的关注程度、参与热情越来越高，全社会已经逐步形成保护非物质文化遗产的文化自觉。

二是《中华人民共和国非物质文化遗产法》的颁布实施，为非物质文化遗产保护提供了坚实的法律保障。围绕着贯彻落实《中华人民共和国非物质文化遗产法》，非物质文化遗产保护的法制建设、规章制度建设得到了进一步加强。现在，全国已有十多个省、市、自治区出台了地方非物质文化遗产保护条例。

三是非物质文化遗产保护方式方法和方针、原则逐步完善和确立。在总结保护工作实践经验的基础上,我们逐渐认识到非物质文化遗产所具有的恒定性和活态流变性的基本衍变规律。并在此基础上,认识到对于非物质文化遗产的科学保护,既不是使它凝固不变,也不是人为地使之突变,而是要让它按照自身的规律去自然衍变。非物质文化遗产保护要遵循其本体规律。近些年来,我们提出的抢救性保护、整体性保护、生产性保护等多种针对不同类型项目实施的保护原则与方法,在保护实践中取得明显成效。同时,在准确认识、总结和把握非物质文化遗产本质特征的基础上,确立了保护工作的十六字方针:"保护为主、抢救第一、合理利用、传承发展。"确立了保护工作的原则:"政府主导、社会参与,明确职责、形成合力;长远规划、分步实施、点面结合、讲求实效。"保护方针和原则的确立,对非物质文化遗产保护工作的健康发展起到了重要的指导作用。

四是资金投入进一步加大,机构队伍基本建立。截至2011年,不包括地方财政资金投入,仅中央财政已累计投入非物质文化遗产保护经费14.3876亿元;2012年,中央财政转移地方非物质文化遗产保护经费增长至6.2298亿元。全国31个省、市、自治区均成立了省级非物质文化遗产保护中心,16个省、市、自治区文化厅(局)成立了非物质文化遗产处(室)。非物质文化遗产保护工作机构和队伍基本建立。

五是非物质文化遗产宣传展示活动丰富多彩。近十年来,北京和全国各地陆续举办了一系列非物质文化遗产项目展演及保护成果展,对于社会公众认知非物质文化遗产及其保护的意义起到了重要的促进作用。近两三年来,主要的展演活动如2009年文化部在北京农展馆举办的"中国非物质文化遗产传统技艺大展",2010年在北京展览馆举办的"巧夺天工——中国非物质文化遗产百名工艺美术大师技艺大展",2011年在中华世纪坛举办的"中国非物质文化遗产传承人师徒同台展演",2012年年初文化部等部门在北京农展馆举办的"中国非物质文化遗产生产性保护成果大展"等都引起轰动,增强了公众对非物质文化遗产保护的关注和参与意识。

六是国际合作和交流不断加强。2004年,经全国人大常委会批准,我国第一批加入了联合国教科文组织《保护非物质文化遗产公约》。我国在四川成都成功举办了三届国际非物质文化遗产节。截至2011年11月底，我国入选联合国教科文组织非物质文化遗产名录项目总数达36项，成为世界上入选项目最多的国家。2012年年初，联合国教科文组织亚太地区非物质文化遗产保护国际培训中心在中国（北京）正式成立，这表明了国际社会对我国非物质文化遗产保护工作的充分肯定。

在充分肯定我国非物质文化遗产保护工作成绩的同时，也必须看到，非物质文化遗产保护工作仍然存在不少困难和问题：一些非物质文化遗产项目后继乏人、生存濒危的境况还没有得到根本解决，仍存在传承人年老体弱，人走歌息、人亡艺绝的现象；在保护工作中，重开发、轻保护、轻传承的问题仍不同程度地存在，过度开发、盲目开发非物质文化遗产资源的现象仍有发生；一些地方对保护工作认识不到位，保护工作不落实的情况依然存在。因此，我们应该头脑清醒，思想明确，进一步增强非物质文化遗产保护工作的紧迫感和责任感，认真研究解决保护工作中存在的突出问题，真抓实干，从而推动非物质文化遗产保护工作持续、扎实、深入地开展。

最近，文化部主要从国家级非物质文化遗产代表性项目保护规划的实施及保护措施落实情况、国家级代表性传承人传承情况，以及保护专项资金使用情况三个方面，对非物质文化遗产保护工作中存在的问题进行督促检查，以便找准问题，有针对性地采取有效措施加以调整。我相信，只要我们坚持求真务实的态度，把各项保护措施落到实处，我国的非物质文化遗产保护工作就会越做越好。

在概要回顾总结近年来我国非物质文化遗产保护工作的基本情况和经验的同时，我们也在思考一个问题，那就是我们保护工作的基础，或者说我们科学把握非物质文化遗产保护工作的规律，不断取得保护工作成绩的基础是什么，我想，首要的就是对非物质文化遗产项目的科学认知。今天，我们在非物质文化遗产得到全面整体性保护的情况下，更需要继续对具有代表性的项目进行认真、科学的梳理和分析，进一步探究它的文化渊源，揭示它的价值，总结它的存在形态和演变历程，以及研究如何在把握本质规律的基础上对其进行科学保护。

这样的调查、分析和梳理，可以充分展示非物质文化遗产的独特魅力，让更多的人了解、认识非物质文化遗产的精粹性及其杰出的文化、艺术、历史和科学价值，由此引导人们正确认识非物质文化遗产及其保护工作，逐步形成非物质文化遗产保护的文化自觉，关注、重视或主动参与到非物质文化遗产保护工作中来。正是基于此，我们组织专家学者或从事非物质文化遗产保护的实践者编撰出版了这套"中国非物质文化遗产代表作丛书"。2005年，浙江人民出版社也曾邀我主持编撰一套"非物质文化遗产丛书"，迄今已出版二十多本。这次经作者重新修订后纳入现在这套丛书，由文化艺术出版社出版，其项（书）目的选择，则是根据国务院公布的国家级非物质文化遗产代表作名录确定，每个项目独立成书，分批出版。第一辑收录中国非物质文化遗产代表作20项，内容涉及传统音乐、传统戏曲、传统工艺、传统技艺等多个领域。它们形式各异，但都以其厚重的历史、鲜明的特征在中华文明的深厚积淀中留下了鲜明的烙印，并长久地影响着中华民族文化基因、精神特质乃至生活方式；如同一朵朵奇葩，千姿百态、绚丽斑斓，与其他文化遗产共同构成中华文化的悠久博大、辉煌壮丽。

  这套丛书的作者来自全国各地，都是该项目研究的专家学者或项目的传承人，其中不少作者是项目相关领域的权威学者。他们根据自己多年的实地调查和深入研究，本着严谨的态度和专业精神，详尽梳理每一个项目的历史渊源和沿革流变、分布区域和存续状况，细致描述它们的呈现形态，包括风格流派、技艺特征及其代表性传承人和代表性作品，并对其历史、文化、艺术、科学等价值进行深入的阐发。这套丛书力图以学术的权威性、叙述的准确性和可读性成为广大读者全面了解中国非物质文化遗产的优秀读物，它的出版不仅有助于中国读者认识和了解祖国优秀的文化遗产，也为世界人民认识和了解中国文化打开一扇窗口。

  是为序。

2012年5月6日

# 目 录

**第一章 庙会及其发展**…………1
  第一节 庙会的产生…………3
  第二节 非遗保护政策下的庙会发展…………9
  第三节 北京地区的庙会发展…………14

**第二章 女神信仰与碧霞元君信仰流变**…………21
  第一节 女神信仰及其位格变化…………23
  第二节 泰山碧霞元君信仰历史流变…………31
  第三节 女神的民间化…………44

**第三章 北京地区的碧霞元君信仰及"三山五顶"**…………59
  第一节 北京地区的碧霞元君信仰…………61
  第二节 五顶娘娘庙…………63
  第三节 天泰山慈善寺与丫髻山碧霞元君祠…………77

**第四章 "金顶"妙峰山**…………93
  第一节 妙峰山碧霞元君信仰的发展历史…………95
  第二节 妙峰山"金顶"的来历…………105

第三节　妙峰山庙会兴盛的缘起…………108

　　第四节　妙峰山庙会的当下状况…………112

**第五章　妙峰山殿宇的空间布局…………123**

　　第一节　妙峰山的庙宇布置与众神安置…………125

　　第二节　因神设教…………163

**第六章　妙峰山的香客与香道…………173**

　　第一节　妙峰山的香客…………175

　　第二节　妙峰山香道…………188

**第七章　妙峰山的香会…………205**

　　第一节　香会的由来…………207

　　第二节　文会（善会）…………213

　　第三节　武会…………229

　　第四节　香会规矩…………243

　　第五节　历史与现实的流变…………252

**第八章　民俗学及非遗框架下对妙峰山庙会的研究…………259**

　　第一节　20世纪上半叶对妙峰山的民俗学考察…………261

　　第二节　新时期民俗学复兴背景下对妙峰山庙会的研究…………272

　　第三节　非遗保护语境下对妙峰山庙会的研究与解读…………281

**后　记…………291**

# 第一章 庙会及其发展

## 第一节　庙会的产生

春日煦煦，百花盛开，万山披绿，熬过了漫漫寒冬的人们终于可以脱下笨重的冬衣，换上艳丽轻便的春装，或约三五知己，或携妻带子前去逛一逛庙会，看一看热闹的社火表演，尝一尝美味的小吃，再去拜一拜神仙以祈求一年的好运气，这是多么让人心旷神怡的事情呀！在漫长的2000多年的中国封建社会中，无论是统一政权时代还是政治割据时代，国家政权始终是以"礼"为准绳，社会等级森严，基层民众始终在严格的"礼"制约束下审慎度日，缺少情感宣泄的渠道。在这种情况下，一年一度或者一年几次的、以酬神献艺为主要内容的庙会活动就成了普通民众释放自己、宣泄情绪的绝妙机会，同时也是民间信仰的重要表现方式。所以，几千年来，赏春拜神一直是先祖们最开心、最轻松的狂欢活动。

庙会可以说是我国民间最为普遍的民俗事象，是大众文化极其重要的一个组成部分，具有广泛的民间宗教信仰基础，同时也是基层民众狂欢、娱乐和商贸交流的重要渠道。庙会起源于远古时代的宗庙祭祀活动，在我国有着非常悠久的历史，据1986年辽西牛河梁"女神庙"地下遗址考古发现，我国大约在五六千年前的新石器时代就有了庙会活动。当时的庙会仅是在氏族内部举行较为隆重的祭祀活动，并带有乐舞表演，这些都是为神准备的。

图1-1-1：春社图　明　张翀

庙会是与宗教祭祀、崇拜密不可分的，人们把人与人之间的酬谢交往关系扩充到人神之间，就产生了祭祀。在人类文明的远古时代，祭祀是经常进行而且非常重要的事情，祭祀活动可以说是氏族部落最重大的集体活动，《礼记·祭统》言："凡治人之道，莫急于礼；礼有五经，莫重于祭。"[①] 祭祀的对象主要是祖先灵魂和自然神灵。举行祭祀仪式时，几乎所有的部落成员都要参加，在此期间，人们聚集在一起，供奉、拜祭、狂欢、分享食物等。为了表达虔诚和渲染气氛，同时还要进行一些歌舞表演，《周礼·春官宗伯》言："若乐六变，则天神皆降，可得而礼矣……若乐八变，则地示皆出，可得而礼矣……若乐九变，则人鬼可得而礼矣。"[②] 此即庙会的最初由来。

庙会是以庙宇为活动空间的。信奉"万物有灵论"的原始先民常常对照自身来猜想神灵，他们相信神灵也和人类一样，有其居住的地方和喜好的物品、娱乐等，于是他们就在自己认为是神灵住所的地方进行祭拜，最初的祭拜地点非常简单，可能就是山洞、树洞、水边或者石堆、土堆等，后来人类学会了建造房屋，也仿照人类自身的居住条件为神灵修建了专门的房屋、宫殿来进行供奉、祭祀活动，这就是庙宇的雏形。而庙会就是在庙内或者围绕在庙的周围而进行的全民性的祭祀活动，集歌、舞、乐、巫等为一体。商周时期的宗庙社郊制度是建立在祖先崇拜基础之上的，对后世庙会的发展有较为深远的影响，这是后世国家祭祀和家族祭祀的源头。而佛教的传入和道教的兴起，则从另外一个方向影响了庙会的发展，使庙会文化朝着多元化的方向发展，民间庙会也更加普遍。

后来，随着社会的发展，人们之间经济活动交流的增多，庙会在保持原有的祭祀活动的同时，逐渐融入集市交易活动，这种伴随着庙会而产生的有规律的临时性集市被称为"庙市"，大约在唐

图1-1-2：乐舞百戏
山东沂南汉画像石墓

图1-1-3：关帝图 "苏州版"年画 清初 日本天理大学图书馆收藏 采自《康乾盛世"苏州版"》（图录册）

宋时期就已经出现。

"庙市"持续发展的同时，庙会的娱乐性也大大增加，庙宇、宫祠举办祭祀活动时所进行的各种坛醮斋戒、水陆道场、膜拜典礼以及其他表演活动不仅仅是为了祭祀、敬拜神灵，同时也是为了娱乐民众。"北魏孝文帝太和九年（485）迁都洛阳后，佛教大盛，每年都要举行佛像出巡，将千余尊佛像恭送至景明寺，其场面之宏大，盛况空前。唐宋以来的迎神、出巡大多源于此。在此期间，除了宝盖幡幢的宗教仪仗之外，还伴有音乐百戏，诸般杂耍，形成了全城骚动的热闹场面，几至万人空巷。"③这可能是比较早的神像巡游行动，通过这些娱乐活动，吸引了大批观众前来观看，

第一章 庙会及其发展

图1-1-4：青龙之神 木版彩印 采自《中国民间美术全集(卷1)·祭祀编·神像卷》

这是宗教弘法的重要手段。道教为了与佛教争夺信徒，也极力发展游神赛会活动，后来有些庙宇甚至专门修建了戏台用于庙会时演剧。于是，庙会就变成了依附于寺庙本身的宗教信仰活动，集宗教崇拜、大众娱乐与商品贸易于一体的综合性社会活动，千余年来对中国社会产生了深远影响。

1949年以后，尤其是在"文化大革命"期间，由于将庙会与"封建迷信"联系起来，各地纷纷禁止庙会的举行，全国绝大多数地方流传数百年甚至上千年的庙会活动都遭到禁止。20世纪80年代以后，随着改革开放和民族宗教政策的落实，以及各地发展经济的需求，城乡各地以商贸集市、民俗旅游、民俗文化等为主题

7

的庙会活动重又兴起，而且近些年来，随着国家非物质文化遗产保护政策的加强，一些庙会的规模和影响越来越大。

　　有学者把庙宇、宗教、娱乐和商贸看成庙会的四个主要构成要素，并且以是否同等地具备这四种要素为标准把庙会划分为完全型庙会、宗教主导型庙会、娱乐主导型庙会和商贸主导型庙会。完全型庙会就是这四种构成要素都存在，且所占份额差不多，如河南淮阳的太昊陵庙会；宗教主导型庙会则主要是以庙宇为中心进行一些宗教活动和祭祀仪式，娱乐活动和商贸交易不发达，最为典型的就是孔庙的祭孔活动；娱乐主导型庙会则是以宗教活动为缘由，主要侧重于娱乐游艺，大规模的商贸活动也没有发展起来，如天津的皇会、老北京的厂甸庙会等；商贸主导型庙会则主要是庙会发展到一定阶段后，其宗教活动逐渐减弱甚至消失，唯有当

图1-1-5：人物御龙帛画　湖南长沙汉墓出土　湖南省博物馆藏

图1-1-6：龙凤仕女帛画　湖南省长沙市郊陈家大山楚墓1949年出土　湖南省博物馆藏

初围绕庙宇发展起来的集贸活动成了主要活动,如北京的花儿市、五台山骡马大会等都属于这一类。④

如果以此为标准,那么近年来许多在政府主导下举办的新型庙会,虽然在举办场所、名称上仍然延续了以前的老场地和名称,但庙会的形式、内容等与传统庙会相比还是发生了很大变化,有些甚至是质的变化。这些庙会的宗教信仰成分逐渐被弱化,甚至已不复存在,而更重视集市交易、旅游和民俗娱乐,属于典型的"宗教搭桥,经济唱戏",政府更看重的是庙会所带来的商贸交易和文化旅游价值。如北京地区近年来在春节期间举办的地坛庙会、龙潭庙会等都是如此,这些地方原有的庙宇有的已经不复存在,有的虽然庙宇建筑还在,但是已经不再是宗教活动场所,庙会的宗教信仰性质都荡然无存,庙会期间举办的一些娱乐活动和商品交易活动成了庙会的主要内容,主要是满足人们的休闲娱乐。这也是当下各级政府主推的庙会类型。

## 第二节　非遗保护政策下的庙会发展

20世纪下半叶以来,非遗保护逐渐成为一个国际性问题,相关国际组织,尤其是联合国教科文组织为此做了大量工作,并通过了一些相关文件和保护政策。1998年10月,联合国教科文组织执行局第155届会议通过的《教科文组织宣布人类口头和非物质遗产代表作条例》正式提出了"人类口头和非物质遗产"的概念。2001年和2003年,中国的昆曲和古琴艺术分别入选联合国教科文组织第一、第二批"人类口头和非物质遗产代表作"名录。2003年10月,联合国教科文组织第33届会议通过了《保护非物质文化遗产公约》,并为非物质文化遗产进行了定义,中国于2004年成为缔约国。20世纪90年代以来，在全球化的冲击之下，中国政府及民众的民族自觉意识也在逐渐增强，意识到本民族传统文化的独特性和卓越性以及它们在应对全球化冲击下的巨大优势，并通过法定的手段逐渐强化这种民族意识，文化遗产化正是这种手段的具体体现。"遗产化的做法是选择民族文化中的一些与现代价值观对接的精华要素，重组、突出、放大、拔高，并加以保护。"⑤2005年国务院办公厅下发了《关于加强我国非物质文化遗产保护工作的意见》，自此，中国的非物质文化遗产保护工作全面展开，并在全国启动了四级非物质文化遗产名录体系，2006年6月，文化部公布了第一批518项国家级非物质文化遗产名录，北京厂甸庙会是第一批名录中唯一一个庙会类项目。2011年6月，《中华人民共和国非物质文化遗产法》开始实施，从国家行政立法的层面为非物质文化遗产的保护提供了强有力的保障。

目前，在我国四批国家级非物质文化遗产项目中，庙会被列为民俗类，除了第一批国家级非物质文化遗产名录中的北京宣武区（今西城区）的厂甸庙会被单列为一项（编号为X-42）外，第二批以后的庙会类项目则被作为一个整体进行申报（编号为X-84），包含着24个地方的24个不同庙会类子项目，其中第二批国家级非物质文化遗产名录中，庙会类子项目共有10个，分别是妙峰山庙会（北京市门头沟区）、东岳庙庙会（北京市朝阳区）、晋祠庙会（山西省太原市晋源区）、上海龙华庙会（上海市徐汇区）、赶茶场（浙江省磐安县）、泰山东岳庙会（山东省泰安市）、武当山庙会（湖北省十堰市）、火宫殿庙会（湖南省长沙市）、佛山祖庙庙会（广东省佛山市）、药王山庙会（陕西省铜川市）等；第三批扩展项目中，庙会类子项目有7个，分别是北山庙会（吉林省吉林市）、张山寨七七会（浙江省缙云县）、方岩庙会（浙江省永康市）、九华山庙会（安徽省池州市九华山风景区）、西山万寿宫庙会（江西省新建县）、汉阳归元庙会（湖北省武汉市汉阳区）、当阳关陵庙会（湖北省当阳市）；第四批扩展项目中，庙会类子项目也是7个，分别

图1-2-1：闽台信众共祭顺天圣母（陈靖姑），天下娘奶回娘家 李致伟提供

是蒲县朝山会（山西省蒲县）、泰伯庙会（江苏省无锡市）、苏州轧神仙庙会（苏州市姑苏区）、金村庙会（张家港市）、浚县正月古庙会（河南省浚县）、宝顶架香庙会（重庆市大足区）、丰都庙会（丰都县）等。目前共有25个庙会类项目入选前四批国家级非物质文化遗产名录。

1949年以后，由于中国政府在意识形态方面贯彻的是唯物主义和无神论思想，很多人包括一些专家学者和政府官员对宗教的

图1-2-2：北京石景山区慈善寺举办非遗展示周活动

图1-2-3：丫髻山庙会期间举办"刘家店镇休闲文化年"活动

理解往往带有片面性，认为其与"封建迷信"密切相关，因此诸多与"民间宗教"及"民间信仰"有关的项目在被认定为非物质文化遗产的时候是比较曲折的，很多该类项目实际上是采取了将其从宗教的背景中分离、肢解开来，仅根据其外在的表现形式而列入类似于音乐、美术、舞蹈、戏曲等项目的做法。还有不少有关信仰类的项目也被改头换面，以"节日""信俗"或"祭典"的名称代替。而庙会则直接与信仰相关，因此一些节日类、祭典类、民间信俗类、神话传说类非遗项目中其实都包含着庙会活动，如黄帝陵祭典、妈祖祭典、女娲祭典、三月三、潮神祭祀等，对这些神灵的祭祀与崇拜其实就是庙会的核心内容。很多地方为了弱化"庙会"一词，就用"文化节"来代替，其内核还是传统的庙会，如河南泌阳的"盘古神话"是第二批国家级非物质文化遗产项目，依旧俗每年农历三月三都要举办大型的"盘古山庙会"来纪念、祭祀人类始祖盘古开天辟地，现在则改为举办"盘古文化节"，这是由政府主办的旅游文化节，变为集物资交流、民俗娱乐与旅游于一体的综合性文化活动。北京妙峰山庙会期间也以政府的名义举办各种祈福文化节，弱化或者是分散对碧霞元君等神祇的信仰。

在省级、市级及县级的非物质文化遗产名录中，庙会类、祭典类、民间信俗类项目还有很多。当然，还有更多民间庙会没有被列入政府四级非物质文化遗产名录体系当中。庙会作为在我国民间流传极其广泛的民俗活动，它所包含的非物质文化遗产信息是极其丰富的，根据联合国教科文组织《保护非物质文化遗产公约（2003）》对非物质文化遗产的定义：非物质文化遗产"指被各社区、群体，有时是个人，视为其文化遗产组成部分的各种社会实践、观念表述、表现形式、知识、技能以及相关的工具、实物、手工艺品和文化场所。这种非物质文化遗产世代相传，在各社区和群体适应周围环境以及与自然和历史的互动中，被不断地再创造，为这些社区和群体提供认同感和持续感，从而增强对文化多样性和人类创造力的尊重"。它包括"口头传统和表现形式，包括作为非物质文化遗产媒介的语言；表演艺术；社会实践、仪式、节庆活动；有关自然界和宇宙的知识和实践；传统手工艺"。可以说，非物质文化遗产所涵盖的这些内容几乎在庙会中都有体现。庙会是保存我国民俗事象资料和传统文化最为丰富的民俗活动，对于研究我国的传统民俗活动具有非常重要的现实意义。

## 第三节　北京地区的庙会发展

早在夏商时期，北京地区就已经出现了臣属于殷商的小国及其都邑——燕和蓟，自春秋战国时代起这里已是中国北方军事重镇和交通贸易枢纽，辽、金、元、明、清时期又建都于此，成为全国政治、经济、文化中心，历史文化底蕴丰厚。南北方民族的信仰文化在这里交汇，形成了独具特色的北京本地民俗信仰文化，庙宇的种类和数量都很繁多。尤其是明清时期，由于民间信仰兴盛，再加上政府支持，各种庙宇纷纷建立，鼎盛时期北京有寺庙

图1-3-1：天仙献寿图 "苏州版"年画 清乾隆　日本个人收藏　采于《康乾盛世"苏州版"》（图录册）

图1-3-2：北京石景山区慈善寺三皇殿供奉伏羲、神农、黄帝三位中华人文始祖

1000多座,庙会自然也是多不胜数。

　　北京有明确记载的庙会最早是在元代,当时白云观正月十九有"燕九节",据说源于全真教的创始人丘处机,丘处机的生日是正月十九,因此长春宫、白云观等道教宫观会在此日开庙纪念。元代熊梦祥的《析津志》是对白云观"燕九节"的最早记载："至十九日,都城人谓之燕九节,倾城士女曳竹杖,俱往南城长春宫、白云观宫观,蕆扬法事,烧香,纵情宴玩以为盛节,犹有昔日风

纪。"《析津志》还记录了京师齐化门外东岳庙会盛况,从中可以窥见元代香会的雏形:"每岁自三月起,烧香者不绝,至三月烧香酬福者,日盛一日,比及廿日以后,道途男人□□赛愿者填塞。廿八日,齐化门内外居民,咸以水流道以迎御香。香自东华门降,遣官函香迎入庙庭,道众乡老甚盛。是日,沿道有诸色妇人,服男子衣,酬步拜,多是年少艳妇。前有二妇人以手帕相牵阑道,以手捧窨炉,或捧茶、酒、渴水之类,男子占煞。都城北,数日,诸般小买卖,花朵小儿戏剧之物,比次填道。妇人女子牵挽孩童,以为赛愿之荣。道傍盲瞽老弱列坐,诸般楄丐不一。沿街又有摊地凳盘卖香纸者,不以数计。显官与怯薛官人,行香甚众,车马填街,最为盛都。""二十八日,乃岳帝王生辰,自二月起,倾城士庶官员、诸色妇人,酬还步拜与烧香者不绝,尤莫盛于是三日。道途买卖,诸般花菓、饼食、酒饭、香纸填塞街道,亦盛会也。"另外,平则门(今阜成门)外的西镇国寺,每年二月初八开庙,抬着皇帝的金轮宝座和佛像在城外巡游,鼓乐齐鸣,煞是热闹:"二月天都初八日,京西镇国迎牌出,鼓乐铿鎝侉鬐箓。金身佛,善男信女期元吉。"而庙会上,江南富商售卖从全国各地搜罗到的珍奇异宝,令人眼花缭乱:"寺之两廊买卖富甚太平,皆南北川广精粗之货,最为饶盛。于内商贾开张如锦,咸于是日。南北二城,行院、社直、杂戏毕集,恭迎帝坐金牌与寺之大佛游于城外,极甚华丽。多是江南富商,海内珍奇无不凑集,此亦年例故事。"⑥可见,元代京城的庙会已经十分热闹、兴盛,后世庙会上所有的一切此时都已经出现,这说明庙会在当时已经发展得非常成熟,成为举国上下的狂欢节日。皇帝为了彰显其"兆开太平与民同乐之意",亲自将"仪凤教坊诸乐工戏伎"请至宫中,供皇帝和后妃们观赏,皇帝还会给丰厚的赏赐。

明清时期,上文所述元代已经非常热闹、兴旺的庙会继续繁盛,明代刘侗、于奕正著《帝京景物略·白云观》记载白云观"燕九节":"真人名处机,字通密,金皇统戊辰正月十九日生……今都人正月十九,致浆祠下,游冶纷沓,走马蒲博,谓之燕九节。又曰宴丘。"[7]此外还有不少庙会也很热闹,"内城的正阳门关帝庙、都城隍庙,外城的南药王庙、都土地庙,郊外的马驹桥碧霞元君祠、中顶、西顶陆续开庙。不仅有每年开放一次的节日庙会,还有每月开放数次的定期庙会。位于内城的城隍庙(今成方街)庙市和灯市(今灯市口)最为繁盛,并称为庙灯二市"[8]。清代京城庙会比前代更为繁盛,清末富察敦崇所著《燕京岁时记》以时间为顺序,记录了从正月到腊月北京的风物状况,其中详细地记录了每月的庙会情况,当时的北京城每月都有庙会,后人将其统计如下。

### 表1-1 《燕京岁时记》记录的北京庙会情况一览表[9]

| | |
|---|---|
| 正月 | 大钟寺(初一至初十)、白云观(初一至十九)、黄寺(十五)、黑寺(二十三)、雍和宫(三十)、曹老公观(初一至十五)、厂甸(初一至十五) |
| 三月 | 蟠桃宫(初一至初三)、东岳庙(十五至二十八)、潭柘寺(初一至十五)、天台山(十八) |
| 四月 | 万寿寺(初一至十五)、西顶(初一至十五)、妙峰山(初一至十五)、丫髻山(初一至十五)、北顶、东顶 |
| 五月 | 都城隍庙(初一至初十)、南顶(初一至初十)、十里河关帝庙(十一至十三) |
| 六月 | 戒台寺(初六)、中顶碧霞元君庙(初一) |
| 七月 | 盂兰盆会(十五,各寺院均设) |
| 八月 | 灶君庙(初一至初三) |
| 九月 | 财神庙(十五至十七) |
| 十二月 | 雍和宫(初八) |
| 每月庙会 | 护国寺(逢七、八)、隆福寺(逢九、十)、土地庙(逢三)、花儿市(逢四)、小药王庙(逢一、十五)、北药王庙(逢一、十五) |
| 其他 | 江南城隍庙(清明、中元节、十月初一) |

　　根据上图所列,旧时北京城内每月都有不同的庙会,这些庙会你去我来,甚至一年之中几乎每天都不间断。而且,不少庙宇的庙会时间也常常重叠在一起,尤其是供奉对象相同的同类庙宇,其庙会日期重叠的情况更加普遍,如供奉碧霞

元君的西顶、妙峰山、丫髻山等娘娘庙的庙会都是从四月初一到四月十五，小药王庙及北药王庙是每月逢一、十五庙会，农历七月十五诸佛教寺院均有盂兰盆会等；因为民间信仰中神灵众多，有些神祇的诞辰或纪念日难免会碰在一起，所以有些庙宇即使供奉的神灵不一样，但庙会时间则有可能相同，如曹老公观和厂甸都是农历正月初一到十五，都城隍庙和南顶娘娘庙则都是农历五月初一到初十，还有一些庙会的日子可能是部分重合的。这些庙会各有特色，有的以香会见长，如妙峰山、丫髻山等；有的以商贸集市为主，如隆福寺、护国寺等；有的则重在娱乐，如南顶娘娘庙。还有一些比较有特色的庙会活动，如雍和宫的"打鬼"，城隍庙的"出巡"，七月十五放河灯和烧法船，十月二十五北海白塔燃灯等，吸引众多香客前来行香拜祭。香会是北京庙会的一大特色，庙会上众多香会争相斗技献艺，热闹非凡，北京著名的"幡鼓齐动十三档"就是常在庙会上献艺的最有代表的十三档民间香会。

辛亥革命以后，京城庙会曾一度冷落，但很快又逐渐兴盛起来。据1930年的调查统计，当时北京城区庙会有20处，郊区庙会有16处。城内有"八大庙会"之说，即白塔寺、护国寺、隆福寺、雍和宫、东岳庙、白云观、蟠桃宫、厂甸这八处著名的庙会。此

图1-3-3：西顶庙六十甲子（太岁）神像

第一章 庙会及其发展

图1-3-4：春节期间，北京地坛庙会游人如织

外还有"五大庙会"之说，即土地庙、花儿市火神庙、白塔寺、护国寺、隆福寺这五处庙会，都是以集贸、娱乐为主，而以隆福寺、护国寺最为热闹，称为"东庙""西庙"。清末民初夏仁虎著《旧京琐记·市肆》云："京师之市肆……有期集者，逢三之土地庙，四、五之白塔寺，七、八之护国寺，九、十之隆福寺，谓之四大庙市，皆以期集。"⑩郊区比较知名的庙会西有门头沟的妙峰山庙会，东有平谷的丫髻山庙会，北有怀柔的红螺寺庙会。⑪日本侵占北京城后，城内各庙会陆续衰落，渐次停办。近年来，厂甸、白云观等地逐渐恢复庙会，但举办时间都是在春节假期期间，以娱乐、集贸为主。

19

[注释]

① 《十三经》(上)，国际文化出版社1993年版，第545页。
② 《十三经》(上)，国际文化出版社1993年版，第264页。
③ 赵珩：《京城庙会史话》，人民网·前线，2010年2月21日。
④ 华智亚、曹荣：《民间庙会》，中国社会出版社2006年版，第12—37页。
⑤ 徐赣丽、郭悦：《当代民间文化的遗产化建构——以广西宝赠侗族祭萨申遗为例》，《贵州民族研究》2012年第2期。
⑥ 本段引文皆引自(元)熊梦祥：《析津志辑佚》，北京古籍出版社1983年版，第213页、第54—55页、第217页、第214页、第214—215页。
⑦ (明)刘侗、于奕正：《帝京景物略·白云观》，上海古籍出版社2001年版，第199页。
⑧ 林山：《庙会 曾是日常里的狂欢》，《北京日报》2018年2月14日。
⑨ 表格引自张勃《北京节日的历史、现状和未来建设》，略有改动，载《节日与市民生活——2013北京文化论坛文集》，首都师范大学出版社2014年版，第4页。
⑩ 夏仁虎：《旧京琐记》，载《梦焦亭杂记 旧京遗事 旧京琐记 燕京杂记》，北京出版社2018年版，第237页。
⑪ 刘春香、贾琳：《北京的庙会》，《今日中国(中文版)》1999年第2期。

# 第二章 女神信仰与碧霞元君信仰流变

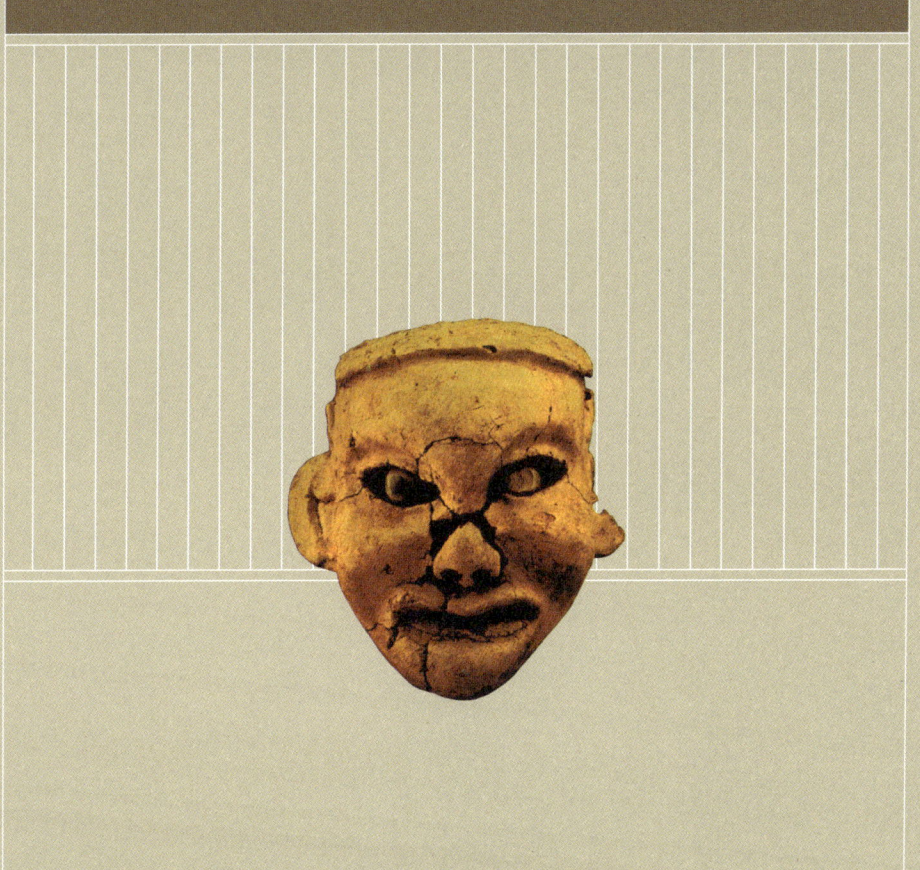

## 第一节　女神信仰及其位格变化

在人类信仰史上，对女性神祇的信仰先于对男性神祇的信仰，它产生于人类早期的母系氏族社会，其时的原母神是后世一切女神的终极原型，从这单一的原母神原型中逐渐分化和派生出职能各异的众女神。① 原母神崇拜源于对母性的生殖崇拜，女性的生殖繁育能力对于原始先民而言不仅是人类繁衍的源泉，而且是创育世界万物的根源。因此，对于世界各民族而言，女神崇拜都是其最原初的信仰崇拜。在中国上古神话中，出现过诸多光彩夺目的女神形象，如创世之神女娲、太阳神羲和、月亮神常羲、生命之神西王母、巫山神女瑶姬、大地之母厚土娘娘、九天玄女娘娘以及娥皇、女英、嫘祖等。

距今5000多年的辽宁牛河梁红山文化女神庙遗址，出土了泥塑女神头像和残肢，说明在原始社会人们就已经开始了女神信仰和崇拜。中国上古时代最著名的女神应该是女娲，她被尊为整个华夏民族的人文始祖，被称作大地之母，传

图2-1-1：牛河梁女神像
辽宁省考古研究所藏

图2-1-2：西王母画像砖 四川彭州画像砖

说中她"炼石补天""抟土造人"且"置婚姻，合夫妇"，她不仅创造了人类赖以生存的物质世界，而且还用黄土创造了人类并设置了人类的婚姻制度，制定了最初的社会秩序，女娲因此成为中国民间广泛而又长久崇拜的创世神和始母神。在其他民族的创世神话中，始母神的传说也非常多，如古希腊神话中最早出现的原始神是大地女神盖亚，她是众神之母，是一切的开始，所有天神都是她的子孙后代。

随着人类文明的发展，人类社会由母系氏族社会过渡到父系氏族社会，男性逐渐在社会中占据主导地位，女性则逐渐脱离政治和权力中心而成为男性的附庸，相应地，女神的神格也逐渐下降，地位逐渐边缘化，而创世神话中的男性神祇则逐渐居于主导地位，如中国的伏羲、盘古、玉皇大帝，希腊神话中的万神之王宙斯，古埃及神话中的太阳神拉，犹太教/基督教中的耶和华上帝，印度教中的梵天等，在各自的神话体系中他们都是宇宙万物的创造者和统治者，而上古时代的创世女神则逐渐降格为创世男神的附属和对偶神，协助他完成创世之举和对世界万物的统治，如中国民间信仰体系中，源自母系氏族社会的女娲传说中，其创世、造

图2-1-3：高句丽伏羲女娲图　吉林省集安市五盔坟四号墓出土

图2-1-4：太阳神和月亮神画像砖　东汉　四川成都市博物馆藏

人等都是独自完成的，并没有男性神祇参与，而在其后出现的伏羲女娲神话中，女娲则成为伏羲的妹妹与妻子，他们二人结合最终完成了对中华民族的创世工作。而西王母，最早记载她乃是居于昆仑丘的山母神、始祖女神，而在后世的道教神话体系中，她则逐渐变为住在天庭管理三界的至尊神——玉皇大帝的妻子，由"女神"降为"女仙"。

在封建男权社会中，女性的活动主要被限定在家庭中，在原始母系氏族社会中女性所承担的部落繁衍和兴衰的重任已经不再是其主要职责，相反，世界成了男人的天下。温柔、贤淑、美貌成了男性对女性的审美需求。传统的女神形象也因此发生了重大变化：女神不再是补天造人的英雄神格，而是更强调其温和、善良的内在品质和美貌的外表，"女神美貌化趋势是女神世俗化、人情化的表现"②，所以女神的神格也逐渐向世俗化方面发展：祈福、送子、护生、保媒、救拔苦难等成为她们的主要职责，"母仪天下"成为众女神的基本形象。男性神祇的神格则体现出对权势、地位、力量的追求和对女性神祇的控制与领导。相比之下，女神比高高在上的男性神祇更具人格魅力，其形象也更容易让人亲近。因此，社会发展到男权社会以后，女神的神格虽然普遍被降低了，但是对女神的信仰却并未减少，很多女神在民众信仰体系中的作用和影响力都大大超过了那些比其神格高得多的男性神祇，如原为始祖女神的西王母在元明之后的小说、戏剧中逐渐演变为三界至尊神玉皇大帝的妻子王母娘娘，其神格固然是降了，但对其的信仰仍然存在：她成了女仙之首，在天庭统领着所有女仙，还生了七个美貌如花、冰雪聪颖的仙女，同时她还掌管着不死药和瑶池的蟠桃园。由于蟠桃象征着长寿，宋元以后的节日庆典中，为了求得吉祥的寓意，常常上演《宴瑶池爨》《王母祝寿》《蟠桃会》《瑶池会》《群仙庆寿蟠桃会》等杂剧故事，王母娘娘也因为象征着吉祥长寿而被敬拜不绝，旧时北京的蟠桃宫就是专门供奉王母

图2-1-5：王母娘娘骑凤献寿图 明代 顾绣八仙庆寿屏（局部） 台北故宫博物院藏 采于《四神的起源和体系形成》

第二章 女神信仰与碧霞元君信仰流变

图2-1-6：瑶池献寿图"苏州版"年画 清乾隆 日本海杜美术馆收藏 采于《康乾盛世"苏州版"》(图录册)

娘娘的寺院，其庙会和香火闻名京城。

在中国佛教信体系中，观音菩萨的形象似乎也比佛祖更贴近普通信众，她慈悲悯人、救苦救难的形象深入人心，并幻化出诸多化身。虽然在古印度佛教中，观音菩萨为无极之体，无男女之相的划分，但传入中国后，尤其是南宋以后，女相观音逐渐深植人心，所以发展到后来，观音菩萨也只有女相了，其形象端庄慈祥，手持净瓶和杨枝，随时准备着救拔苦难。在道教中她化身为慈航道人，其神职基本上与佛教相似，也是普救众生。闽浙一带所崇拜的陈靖姑与沿海地区所崇拜的妈祖娘娘，亦是在民间影响甚广的女神，她们的神格虽不是很高，但神职却很广大，几乎是全知全能全善，尤其善解苦难，所以对她们的定位都是慈母的形象。对女神的塑造在一定程度上反映出信众的心理需求，就如婴孩对母亲的依赖一样，人类自身也要寻找

图2-1-7：送子观音图 "苏州版"年画 清乾隆 日本个人收藏 采于《康乾盛世"苏州版"》（图录册）

## 第二章 女神信仰与碧霞元君信仰流变

一个可以依靠的精神母体,因此对女神的塑造也就更接近于世俗世界母亲的形象,亲切、善良、朴实、博爱。

这种对女神位格的重塑在明清以后尤为突出,在道教的推动下,这一时期中国的诸多地方性女神都演变为影响区域乃至全国的著名神祇,其信众广泛,影响深远,一些女神甚至成为某一区域内最重要的信仰对象,很多当地民俗事象都与之关系密切,华北地区的碧霞元君信仰、沿海诸地及东南亚一带的妈祖信仰、闽浙地区的陈靖姑信仰以及遍及华夏大地的观音菩萨信仰等,都是在此时达到顶峰的。碧霞元君信仰遍及整个华北地区,各地的娘娘庙无法胜数。

在世界其他文明中,同样也有很多女神备受瞩目,如古希腊、罗马神话中,奥林匹斯山诸神中有很多女神的地位都非常显赫:大地之神盖亚是万神之母,她生出了所有光明宇宙的天神;智慧女神雅典娜掌管着智慧、艺术和战争;宙斯的妻子赫拉掌管着婚姻和生育。此外还有月亮和狩猎女神阿耳忒弥斯、丰收女神得墨忒耳、爱与美之神维纳斯、时光女神瑞亚、复仇女神涅墨西斯、青春女神赫柏、灶神赫斯提亚等也都位高权重。基督教信仰体系中,圣母玛利亚的地位仅次于耶稣基督,她童贞受孕生了耶稣基督,作

图2-1-8:西王母画像砖 四川成都市清白乡一号汉墓1955年出土

图2-1-9：纯洁受孕（1758年） 意大利 提埃波罗 布面油画

图2-1-10：印度恒河女神像 出土于阿富汗贝格拉姆遗址第10号室，1世纪，象牙。她们的坐骑摩羯鱼是印度神话中的海兽，长有鳄鱼或海豚甚至是大象的头部，鱼身鱼尾，特别凶恶

为耶稣的生身之母，她既是慈爱的象征，又是贞洁的象征。印度教中也有很多名声显赫的女神，如梵天的妻子萨拉斯瓦蒂集美貌与智慧于一身，她掌管着诗歌和艺术；毗湿奴的妻子拉克希米在佛教中被称为吉祥天，掌管着幸运、财富和爱，当她被单独崇拜时则被认为是具有最高女性潜力的"世界之母"；湿婆的妻子大女神难近母是最强大、最复杂的女神，拥有黛维、佩尔巴蒂、迦梨、黑地母、杜尔迦等多个化身，每个化身都有自己独特的潜能。日本的太阳女神——天照大神是神道教的主神，被奉为日本皇室的祖先。纵观这些世界不同信仰体系中的女神，她们不仅地位显赫，而且信众广泛，备受礼遇和尊崇。

图2-1-11：紧那罗水壶 出土于阿富汗贝格拉姆遗址第13号室，1世纪，陶。紧那罗是印度神话中善歌的人首鸟身天神，又名"乐天"，意为"音乐天""歌神"，是诸天的音乐神之一，与龙、夜叉等同属天龙八部。紧那罗有男女之分，男性长一马头，女性相貌端庄

## 第二节 泰山碧霞元君信仰历史流变

相比较女娲、西王母这些早期的创始女神，源自东岳泰山的碧霞元君信仰则出现得相对晚一些。泰山位居东方，按照阴阳五行学说，东方是太阳升起的地方，也是万物发祥之地，因此尊泰山为五岳之首，并赋予泰山神主生、主死的重要职能。《三教源流搜神大全》记载："泰山者，乃群山之祖，五岳之宗，天帝之孙，神灵之府也！"③关于泰山山神的来历，该书引《神异经》④言："昔盘古氏五世之苗裔曰赫天氏，赫天氏子曰胥勃氏，胥勃氏子曰玄

图2-2-1：
东岳大帝像

英氏,玄英氏子曰金轮王。金轮王弟曰少海氏,少海氏妻曰弥轮仙女也。弥轮仙女夜梦吞二日,觉而有娠,生二子,长曰金蝉氏,次曰金虹氏。金虹氏者,即东岳帝君也。"⑤这样算下来,东岳帝君算是盘古的九世孙了。

历代帝王对泰山神尊崇有加,《史记·封禅书》《论衡》及《韩诗外传》等典籍均记载有自炎帝以来七十二王封禅泰山的故事。可见,在远古时代,泰山周边的部落或氏族就存在着原始的祭天仪式。春秋战国时期,封禅泰山已经成为一统天下的帝王所必行的国家大典,封禅意味着帝王承接天命统治天下,是其政权合法的象征。因此,秦始皇统一全国后,即率领文武大臣及儒生博士70人,到泰山去举行封禅大典。其后汉武帝、汉光武帝、唐高宗、唐玄宗、宋真宗等也都亲临泰山举行封禅大典，在此过程中，东岳大帝不断被加封，唐代东岳大帝被封为天齐王，宋代晋为仁圣天齐王、天齐仁圣帝，元代又加封为天齐大生仁圣帝。但是明代初期，朱元璋整顿祀典，取消了泰山封禅制度。洪武三年（1370），他第一次派官员祭祀泰山神，立碑《去东岳封号碑》，碑文中载："皇帝制曰：'磅礴东海之西，参穹灵秀，生同天地，形势巍然。古昔帝王登之，观沧海，察地利，以安民生。……自唐始加神之封号，历代相因至今。曩者，元君失驭，海内鼎沸，生民涂炭。予起布衣，承上天后土之命，百神阴佑，削平暴乱，正位称职，当奉天地、享鬼神，以依时统一人民，法当式古。今寰宇既清，特修祝仪。因神有历代之封号，予起寒微，详之再三，畏不敢效。盖与穹同始，灵镇一方，其来不知岁月几何。神之所以灵，人莫能测，其职受命于上天后土，为人君者何敢预焉！惧不敢加号，特以东岳泰山之神名其名。依时祭神，惟神鉴之。'"削去历代各朝加封给泰山神的帝王封号，单称"东岳泰山之神"，这实际上是把东岳大帝降格了许多。

相对于历史悠久且名声显赫的东岳大帝，碧霞元君的名字在明代以后才出现，但是也有考证认为"碧霞元君"的称号可能早在宋代就已出现[6]，其全称是"东岳泰山天仙玉女碧霞元君"，道教中她被称为"天仙玉女碧霞护世弘济真人""天仙玉女保生真人宏德碧霞元君"等，而百姓则俗称其为泰山娘娘、泰山奶奶、泰山老母等，也有称作"泰山玉女"的。"碧霞"意为东方的太阳霞光，"元君"则为道教对女神的尊称。关于其来历有多种说法，其一认为她是黄帝所遣之玉女。明代王之纲《玉女传》引宋代李谔《瑶池记》云："黄帝尝建岱岳观，遣女七，云冠羽衣，焚修以迎西昆道人。玉女盖七女中之一，其修而得道者。"[7]这位玉女留驻泰山，跟随西昆道人修道成仙，即为泰山玉女。而"玉女"一词最早出于曹操诗文《气出唱》："行四海外，东到泰山。仙人玉女，下来翱游。"此后曹植《远游篇》有"仙人翔其隅，玉女戏其阿"句，李白

《游泰山》亦有"玉女四五人，飘飘下九垓"之句，但这里的泰山"玉女"并非特指一人，而是泰山地区仙女的统称，"玉"其实是修饰词，形容这些仙女清纯、美丽，因此"泰山玉女"其实也就是指泰山地区清纯美丽的仙女们。其二认为她是"岳帝侍女"，相传东岳大帝身边有童男童女二位侍者，童女即为泰山玉女。其三认为她是"岳帝之女"，此说法在魏晋时已出现，《搜神记》中有"泰山女嫁为东海妇"的传说，晋代张华的《博物志》亦有记载："太公望为灌坛令，期年风不鸣条。文王梦一妇人当道而哭，问其故，曰：'我东岳泰山女，嫁为西海妇，欲东归，灌坛令当吾道。令有德，吾不敢以暴风过也。'明日，文王召太公归，已而果有骤雨疾风，或云元君即泰山女。"⑧《太平广记》亦有类似记载。元明之后人们认为岳帝之女就是碧霞元君。其四认为她乃"石氏民女"，传说汉明帝时，西牛国孙宁府奉符县善士石守道妻金氏生女玉叶，相貌端庄且生性聪颖，3岁懂人伦礼仪，7岁闻道悟法，曾去西王母那里问道求法，14岁得仙人指点入天空山黄花洞修行，3年后修炼成仙，即为碧霞元君。明代王之纲《玉女传》云："泰山玉女者，天仙神女也。黄帝时始见，汉明帝时再见焉。"⑨可见，泰山神女的传说很早就出现了。民间还有诸多关于泰山娘娘来历的传说故事，如华山玉女说、太真夫人说、玉皇大帝女儿说、玉皇大帝妹妹说、坤道成女说、石敢当女儿说、黄飞虎妹妹说等。但不管怎样，泰山娘娘由原初的妙龄少女形象最后演化为慈祥善良的老奶奶形象，说明人们对于泰山女神的心理诉求发生了变化，泰山玉女、岳帝侍女及岳帝女儿等都是虚无缥缈、可望不可即的神仙形象，在情感上并不与人亲近。而泰山奶奶则不同了，她就是生活在百姓身边的普通农妇，深知黎民疾苦与诉求，在心理上与民众无任何隔阂，因而更受普通信众，尤其是女性信众的欢迎，以至于成为女性信众的"保护神"。

汉代时人们在泰山顶上供奉东岳大帝，并雕刻童男童女侍者石像，同时还修建有泉池，称作玉女池。后来殿堂倾塌，石像倒地，

图2-2-2：西顶寺碧霞元君像

童女石像倾覆于池内。宋代真宗时疏浚玉女池，用白玉重雕玉女神像，并制石龛供奉，且御制《玉女像记》石碑以记此事。清代聂剑光所著《泰山道里记》引宋代马端临《文献通考》载，"泰山玉女池，在太平顶，池侧有石像。泉源素壅而浊。宋真宗东封先营顿置，泉忽湍涌。上徙升山，其流自广，清泠可鉴，味甚甘美。经度制置使王钦若请浚治之。像颇摧折，诏皇城使刘承珪易以玉石。既成，上与近臣临观，遣使砻石为龛，奉置旧所，令钦若致祭，上为作记"⑩。清顺治年间所著《山东通志》也有此记载。真宗大中祥符二年（1009）建昭真祠，这是碧霞元君祠修建之肇始。金元时期，称其为"玉仙"。元代时，泰山玉女正式被纳入道教神仙谱系予以崇拜，据泰山文化研究专家周郢考证，"元杜仁杰《泰安阜上张氏先茔碑》中记载，泰山道士张志纯于金贞祐之乱后重葺泰山祠宇，'自绝顶大新玉女祠，倍于故殿三之二；取东海白玉石，为像如人然，一称殿之广袤'（收入《重辑杜善夫集》）。这是玉女祠自创建以来首次大规模拓建，其工由道士主持，其祠宇也自然归属道门管理。重修后玉女祠改额为昭真观……"⑪明成化年间，又扩建为宫，弘治年间更改为灵应宫，嘉靖年间更名为碧霞宫，并赐号"碧霞元君"。对碧霞元君的信仰至明清以后逐渐在华北大地流传开来。其后，碧霞元君的威望远超东岳大帝，成为整个华北大地最重要的神祇之一。清韩锡胙《元君记》记载，"通古今天下神祇，首东岳。而东岳祀事之盛，首碧霞元君……自京师以南，河淮以北，男妇日千万人奉牲牢币，喃喃泥首阶下"⑫。可见当时碧霞元君信仰之盛。当时民间有"北元君、南妈祖"之说。至于为何封为"碧霞元君"，康熙三十九年（1700）重修通州马驹桥"南顶"时所立《重修碧霞元君庙记》碑这样解释："岱居木位，其色为碧；东方主生，有如元君，故封其为天仙玉女碧霞元君。"

随着京杭大运河漕运的南北贯通，碧霞元君又被封为"永护漕河福德神"，有点类似于南方沿海信奉的海神妈祖。一时间，运河两岸广建碧霞元君行宫，明清之时，几乎全国各个县市都建有元君庙。而且，南方甚至把妈祖也称为碧霞元君，二者的神格也逐渐融合。泰山文化研究专家周郢认为，二神的神格融合与漕运贯通关系密切。在最初的信仰中，泰山娘娘主要是生育女神，被称为送子娘娘，同时庇护妇女儿童健康平安；南海妈祖是海神，主要庇护海边居民和海上航船平安。元明时期随着京杭大运河的开通，明清时期漕运繁荣，山东泰山一带也处于京杭大运河之上，碧霞元君于是也被祈求能保护漕运安全。清朝顺治时开通自京至闽之九省驿道，官吏赴福州扬帆出海，行经泰山时，时常向碧霞元君祈祷海路平安，这使其神职也逐渐遍及航海。而妈祖的神职和信仰地域也随着历史的发展逐渐扩充，其神职由主要保护海上安全扩展至抵抗倭寇、消除疫病、防御灾患、送生保育等，信仰地域也由东南沿海逐渐北上至黄海、渤海一带，二者不断交融，成为

第二章 女神信仰与碧霞元君信仰流变

图2-2-3：天仙送子图 "苏州版" 年画 清乾隆
日本个人收藏 采于《康乾盛世"苏州版"》（图录册）

中国南北信仰体系中最重要的两位女神，在民间信仰中，碧霞元君和妈祖神通广大、无所不能，她们护佑一切农耕、商贾、渔业、旅行、婚姻、生育、健康等事项[13]，甚至百姓信仰中的一切需求都可以祈求她们。

明清时期，出现了两部关于碧霞元君的道教经典，分别是《太上老君说天仙玉女碧霞元君护世弘济妙经》和《元始天尊说碧霞元君护国庇民普济保生妙经》。前者出自泰山灵应宫内明朝万历年间所修铜钟铭文，但在道教的典籍如《正统道藏》《万历续道藏》《藏外道书》等均未记载。根据铜钟铭文，此铜钟为"万历甲寅年制"，即万历四十二年（1614）所造，系"钦差总督泰山金殿等处工程御马监等衙门太监张忠、林潮、叶忠、陈承寿、齐芳，内官监太监崔登，管理太监李忠，领修金殿等工，全真道士周玄贞全奉旨造"。也就是说，此铜钟乃泰山金殿的附属设施，是万历皇帝下令修建，并派遣太监和全真道士一起监工修建而成，当时铸有铜碑《敕建泰山天仙金阙碑记》记载此事。据清代唐仲冕所辑《岱览》卷九记载："《敕建泰山金阙记》铜碑：右碑为万历四十三年正月大学士方从哲奉敕撰，礼部郎中汪民孜书丹。"[14] 方从哲为万历末年的内阁首辅，《明神宗实录》卷五二六载："（万历四十二年十一月）庚申，上谕内阁：'朕先年朝谒圣母，恭见圣目少安，斋沐竭诚露祷上帝，复命内官祈祷于东岳泰山之神，感其灵应，发帑命内官监太监崔登等铸造圣像，并建宝殿告成，宜

图2-2-4：天泰山慈善寺娘娘庙送子观音

当用文恭纪其事，以彰朕之孝诚。卿可撰碑文来看.'拟敕建泰山天仙金阙碑文。"⑮ 碑文中亦记载："圣母目眚，朕心靡宁，朔月冰兢，露祷于昊天上帝，复命内臣持节以祀东岳泰山之神、天仙碧霞元君，祀事孔明，慈颜以豫，目眚遂蠲……则是泰山元君即赫朔虞，遂我圣母，以及朕躬，贶莫大焉。"万历皇帝的生母慈圣皇太后生眼疾，万历皇帝派遣太监到泰山求拜泰山之神及碧霞元君，其后太后眼疾好转，"感其灵应"，于是万历皇帝下令在泰山顶上碧霞宫"镀金为像，范铜为殿，筑石为台，奉元君殿居"，铜殿额"天仙金阙"。

其实，慈圣皇太后本人就是碧霞元君的忠实信徒，她曾多次要求万历皇帝出资修葺碧霞元君庙宇。在她去世以后，万历皇帝宣称"圣母升遐，宜与元君在（天）帝左右"，认为她升天成仙以后，乃是与碧霞元君一起侍奉在天帝左右，于是敕封其为"九莲菩萨"陪祀碧霞元君，同时还谨奉母命在泰山修建了万寿宫、九莲殿

图2-2-5：北顶娘娘庙送子圣母

（天庆宫），在碧霞元君宫铸造了"天仙金阙"铜殿。正因为万历朝皇室宗亲崇信碧霞元君，所以万历一朝曾多次大规模扩修岱顶碧霞元君庙宇。其后的崇祯朝，皇室对于碧霞元君的信仰也有过之而无不及，崇祯十三年（1640），敕封其为"天仙圣母青灵普化慈应碧霞元君"，同时又加封了"眼光圣母慧炤明目元君"及"子孙圣母育德广胤元君"两位女神分身。明朝政府还在泰山碧霞祠旁边建了东宫署，并设香税总巡官专门管理香税，所得惊人，"岁储十万钱"，这些税收一部分上交国库，另一部分则用于支付山东地区官吏薪酬、军费及公务开支，可见其香火之盛。

《太上老君说天仙玉女碧霞元君护世弘济妙经》托言太上老君，记述了碧霞元君的来历、司职、诵经功德等。言碧霞元君乃西山斗母元气化生，在泰山修炼多年，已成正果。受敕封为天仙玉女碧霞护世弘济真人，掌管泰山，"助国裕民，济厄救险，赏功伐罪"。此经虽未入道教经藏，但却是敕封的，对于碧霞元君地位的

图2-2-6：北顶娘娘庙眼光圣母

确立非常重要。

《元始天尊说碧霞元君护国庇民普济保生妙经》收录于《万历续道藏》1061册，言碧霞元君乃元始天尊的化身，为救拔黎民苍生而化身女性，掌管泰山。此经文重点强调了碧霞元君"普度群生"之责，"但能自新，无不救度"。这与佛教观音菩萨的主要司职也交汇在一起了，可见道教提升碧霞元君有与佛教抗衡之意，同时也体现出在民间信仰体系中，佛道之圆融。朱元璋取消了东岳大帝的帝王封号，泰山信仰重回民间，也为碧霞元君地位的提升提供了契机。明代之前，因为东岳大帝作为泰山之主神一直受历代皇封，地位尊贵，故碧霞元君信仰一直从属于东岳大帝信仰，二者为主从关系，但是明代朱元璋削去泰山神的帝王封号后，东岳大帝地位降低，同时明代以来，民间女神崇拜兴盛，碧霞元君信仰日盛，上至帝室皇族、下至黎民百姓，无不对其顶礼膜拜，于是碧霞元君逐渐成为与东岳大帝地位平等的女神，而此后更是逐渐取代了东岳大帝而成为整个华北地区的信仰主神。碧霞元君之所以得到如此广泛的信仰，这与其司职有很大关系，据明代神宗年间王锡爵所撰文的《东岳碧霞宫碑》记载："元君能为众生造福如其愿，贫者愿富，疾者愿安，耕者愿岁，贾者愿息，祈生者愿年，末子者愿嗣，子为亲愿，弟为兄愿，亲戚交厚，靡不相交愿，而神亦靡诚弗应。"泰山因此香火旺盛："自碧霞宫兴，而世之香火东岳者咸奔走元君，近数百里，远即数千里，每岁办香岳顶，数十万众，施舍金钱币亦数十万，而碧霞香火视他岳盛矣。"⑯"四方男女不远千里进香报赛，皆先有事于元君，而后及他庙。"⑰此外，明清时期，在民间还出现了宣讲泰山娘娘灵迹的《灵应泰山娘娘宝卷》《泰山天仙圣母灵应宝卷》《天仙圣母泰山源流宝卷》《泰山圣母苦海宝卷》等，这些民间宝卷将碧霞元君设定为佛教观世音菩萨下凡，护国佑民，镇守泰山，在民间影响很大。

　　从信仰心理上而言，著名作家汪曾祺先生曾有过这样的论述："泰山神是女神，为什么？这很容易让人联想到原始社会母性崇拜的远古隐秘心理的回归，想到母系社会，这不是没有道理的。我们不管活得多大，在深层心理中封藏着不止一代人对母亲的记忆。母亲，意味着生。假如说东岳大帝是司死之神，那么，碧霞元君就是司生之神，是滋生繁衍之神。或者直截了当地说，是母亲神。人的一生，在残酷的现实生活之中，艰难辛苦，受尽委屈，特别需要受到母亲的抚慰。"⑱人们在现实生活中遇到不顺心时，心理上期望像婴儿时期那样得到母亲的抚慰，碧霞元君的母性形象正好符合了大众的这种心理，而且在称谓上，人们更愿意用最朴实的对女性长者的称呼——泰山奶奶、泰山娘娘、老娘娘等来取代碧霞元君这个太过正式的尊号，就如人的官名与小名一样，亲友之间称呼小名，更显亲切。人们把泰山奶奶也当成自己的亲人，如果还正正经经地喊其封号，就显得生分了。

　　碧霞元君的诞辰是农历四月十八，这是被官府承认了的，但泰山地区碧霞祠和供奉碧霞元君的其他庙观一般在农历三月十五

图2-2-7：泰山老母　木版彩印　采自《中国民间美术全集（卷1）·祭祀编·神像卷》

举办庙会，而北京的诸娘娘庙多数在农历四月初一至四月十八之间举办庙会，有的则在五月初一开始举办。泰山地区之所以在三月十五日举办庙会，据考证原因有两方面：其一是东岳大帝诞辰是在农历三月二十八日，碧霞元君信仰要晚于东岳大帝，最初泰山地区的人们是在给东岳大帝办寿辰的时候顺便去拜祭碧霞元君，后来虽然碧霞元君的信仰更盛于东岳大帝，但已约定成俗，仍在三月举办庙会；其二是因为三月十五是碧霞元君的"换袍日"，其时信众们斥资制服，为碧霞元君神像更换新的衣袍，据传民国时泰安风俗："三月十五泰山顶，老奶奶换衣裳，碧霞祠唱社戏一天一晚上。三月十四日城乡、新泰、莱芜、淄博、德州、桑园等地，各路朝山进香的善男信女都到达泰山顶，晚上温台开戏，这时碧霞祠山门内外，钟、鼓楼上，东、西神门外，人山人海，水泄不通。这晚上不单唱戏,中间还加上为善男信女死去老人过金桥等迷信活动,做得活灵活现。第二天即十五日,再唱一天戏,并举行给老奶奶换衣裳。"⑲清入关后,逐渐接受了包括碧霞元君信仰在内的汉族文化,著名戏剧史专家王芷章的《清升平署志略》载:"四月十八日为碧霞元君诞辰,京师颇重此节,例向南顶进香。宫中亦受影响,而有演戏之事,园内则在广育宫(殿),宫内则在广生楼。"⑳自康熙帝始,祭拜、修庙、赐额、赐物等事时常发生,乾隆二十四年(1759),乾隆帝发布诏令,开启了朝廷遣使泰山、致祭元君的制度。《岱览》卷九《分览一·岱顶中》载:"自乾隆二十四年以来,每遇四月十八日,遣内大臣香帛进谒为常。"㉑清《泰山志》卷三《盛典纪》亦载:"四月十八日,为碧霞元君诞辰,皇帝遣内侍御大臣一员进香。于十七日斋宿岱顶。十八日黎明,诣碧霞祠行礼。岁以为常。而四月十八日碧霞元君诞辰。"㉒每至此日,朝廷都要派大臣去泰山祭拜上香,且对百姓"封山"禁足,无奈之下,百姓就将三月十五日换袍日当成诞辰日祭拜上香。民国以后,虽不再为官员祭拜碧霞元君封山,但此习俗则一直保留下来,故泰山地区碧霞元君的庙会在三月举行,北京地区碧霞元君信仰一直盛于东岳大帝信仰,因此不受此影响,仍按照碧霞元君的寿辰时间,

图2-2-8:北顶娘娘庙天王殿

在四月举办庙会,但为使人们到各顶进香不冲突,故将诸顶庙会分开举办,时间稍稍错开。再者,北京地区气候寒冷,农历三月中旬有时仍春寒料峭,尤其是周边山区更加寒冷,农村地区则正忙于春耕春播,四月以后天气暖和,春暖花开,且春耕已经结束,对于城乡居民来说,此时是最适合出游或举社的季节,庙会在这时候举行再合适不过,香客们"借佛游春",既完成了进香还愿、结社游艺的心愿,又借机饱览春色,一举两得,岂不美哉!

## 第三节 女神的民间化

### 一、来自民间信仰体系的女神信仰

女神的民间化其实是有双层含义的:其一是这些影响较大的女神信仰起初都是从民间兴起的,来自普通民众的信仰体系。而后才逐渐自下而上被官方认可,直至被皇家青睐,成为皇亲国戚私人信仰体系的重要内容之一,即使不能列入官方祭祀,但也从此名正言顺,乃至香火日盛,信众大增,成为影响极为广泛的信仰体系。纵观明清以来这几个著名的民间女神信仰——碧霞元君信仰、妈祖信仰、陈靖姑信仰等都存在这样的传播特点。对这些民间女神的信仰与崇拜主要是从明清以后才逐渐兴盛的,有学者认为,这是道教在明清时期逐渐世俗化、民间化的体现,同时也可能是受到了当时的新兴宗教——罗教的影响,罗教又称无为教、罗祖教等,产生于明代中后期,它糅合了佛教禅宗、净土宗以及道教的一些教义和规矩,创始人是山东即墨人罗清(罗梦鸿),他被尊为罗祖。罗教信奉无极圣祖,后来又衍生出无生老母信仰,无生老母集创世主、人类祖先、救世主于一身,具有至高无上的权威，罗教有"真空家乡，无生老母"八字真言。明清时，无生老母信仰在整个华北地区十分盛行，河南、陕西、山西、山东以及河北大部分地区都信奉无生老母，人们习惯称其为"老母""老娘""老无生"等，其形象一般为身披霞帔、手持八卦的白发老奶奶形象，慈眉善目，面带微笑，很符合民众心中救苦救难、普度众生的救世主形象。相传农历七月初七是无生老母的诞辰，届时各地供奉无生老母的庙宇香火旺盛，热闹非凡。由对无生老母的崇拜，进而使明清时期民间信仰体系对各路女神的信仰也逐渐盛行，其中碧霞元君、妈祖、陈靖姑以及王三奶奶、三皇姑等逐渐脱颖而出，迅速由地方小神祇一跃而成为影响广泛的女神，其神格也逐渐扩大，由单一功能的神仙逐渐变为无所不能的全能神，而其形象也都趋近于无生老母，慈善而且平易近人。我们可以以碧霞元君、妈祖及陈靖姑为例进行说明。

前文已经讲到，泰山神祇信仰一开始只是泰山神东岳大帝，他镇守五岳之首，是东方的象征，主管生死。在原初的神话体系中，他的出身是比较显赫的，而且作为泰山的化身，他被赋予了更重要的职能，是上天与尘世沟通的神圣使者，担负着"神授君权"的重要使命，历代帝王受命于天统治天下，泰山神就是社稷安宁、天下太平的保护神，因此他一开始就被归入国家祭祀的范畴，自秦始皇起直至明初，历代帝王都亲自去泰山"封禅"，并御封了诸多称号。但是碧霞元君则不同，很长一段时间，她是作为泰山主神东岳大帝的附庸而存在的，"泰山玉女"最初是作为东岳大帝的女童侍者而出现的，官方的拜祭体系中没有她的位次。民间为了满足生育及妇儿安康的信仰需求，才将其列入神祇信仰谱系，而且她所在的东方正好主"生"，于是碧霞元君最初的职责就是生育女神、生子娘娘，自然而然又扩充至对整个妇女儿童的保护，可以说碧霞元君一开始是妇女儿童的保护神，随后其神格又扩充到祛病禳灾，乃至到后来的无所不能的"全能神"。但碧霞元君与女娲这样的开天辟地的始母神还是不一样的，女娲是创世神话的一部分,是开天辟地的创世神,她是和人类社会的产生,和氏族、国家的建立密不可分的,因此女娲从一开始就是国家信仰体系的一个重要组成部分,但被赋予了生育职责的泰山女神碧霞元君最初并不在官方的信仰体系中,而是民间的、不被政府承认的"淫祀",后来经过道教的改造,被列入道教神仙谱系,才在明清时候逐渐被统治者认可。而这种官方认可还要得益于明清两代皇宫内部尤其是后妃及内官太监等对来自民间的碧霞元君的个人崇拜与信仰,才推动皇帝接受这种民间信仰,多次扩建碧霞元君庙宇并赐予封号,但皇家接受这种信仰并不等于认可这是国家祭典,在一定程度上碧霞元君信仰仍旧是"准"国家祭典。清代前期,康熙帝虽两次驾临京畿丫髻山娘娘庙,但他关注的重心乃是玉皇阁中的玉皇大帝,对碧霞元君信仰则采取默许的态度,所以碧霞元君仍是作为民间信仰体系而存在,她的信仰主体是普通百姓。

  在东南沿海地区以及东南亚都有广泛信众群体的妈祖信仰,也具有这样的特点。学者研究认为,妈祖最初源自闽粤沿海地区的民间巫觋信仰,后来又吸收了佛教、道教及儒家的一些观念,使其逐渐从一个默默无闻的海岛小神转变为辐射甚广、影响深远的海上女神。妈祖的原初信仰来自福建莆田附近的一座小岛上,即湄洲岛。湄洲岛远离大陆,处于海上交通要道,当地的居民主要以渔业为生,在当时的条件下,面对变幻莫测的海上气候,渔民出海一不小心就会遭遇风浪而葬身大海,同时台风、暴雨等异常气候也时常会袭击海岛,祈求平安成了海岛人民最为关切的事情,在这种状况下,对海神的信仰无疑成为人们的精神寄托。"生而神异","初以巫祝为事"的林氏女,在当时的环境下是有一定的社会地位的,她不但懂得一些医学知识,能够为民治病,而且还会观测气象,可以经常把观察到的海上气象及时告诉出海者,避免了危险的发生。她的这些能力对于湄洲岛上冒险出海的渔民及其家属来说,无疑帮助很大,日久天长,再加上人们的种种附会,她就成了当地出海者的精神支柱。而宋以后,中国资本主义萌芽,

第二章 女神信仰与碧霞元君信仰流变

图2-3-1：厦门海边妈祖像 翟延闯摄

海上贸易逐渐繁荣，妈祖也成了航海出行者的精神依赖。历代政府正是看到了妈祖信仰的这些特质，出于政治和经济方面的考虑，自北宋末年开始，不断对其进行加封褒奖，经南宋、元、明、清四朝，妈祖被敕封多达36次，其封号由南宋高宗敕封的"灵惠夫人"，进而到元世祖封的"护国明著天妃"，明成祖晋封为"护国庇

47

图2-3-2：西顶寺妈祖像

民妙灵昭应弘仁普济天妃"，乃至清康熙加封为"护国庇民妙灵昭应仁慈天后"，乾隆时旨敕列入国家祀典，咸丰帝最后一次册封，封其为"护国庇民妙灵昭应弘仁普济福佑群生诚感咸孚显神赞顺垂慈笃祐安澜利运泽覃海宇恬波宣惠道流衍庆靖洋锡祉恩周德溥卫漕保泰振武绥疆天后之神"。其地位从普通民女一步步提升至天后之神，护佑领域几乎无所不包，可谓是登峰造极，再无出其右者。历代帝王对妈祖的加封以及乾隆帝将其列为国家祀典，这对民间妈祖信仰的发展起了很大的推动作用，亦是其他女神所未曾享有的荣誉。而妈祖也随着海上丝绸之路的开拓远播至东南亚，成了世界华人的信仰核心。

而在浙南闽北地区具有广泛信仰基础的陈靖姑信俗也是自民间起，而后受敕封地位得以巩固的。妈祖是海上女神，而陈靖姑则被称为陆上女神,她主要的神职是"讲经行法,降妖伏魔,扶危济难,救产护胎",是专门保护妇幼的女神,被视为闽东及闽江流域第一保护神。一般认为,陈靖姑信仰形成于唐代后期,主要流行于闽北及闽东地区,以福建方言为主的方言区域。陈靖姑信仰也是源自民间巫觋信仰,同时吸收了佛教、道教及儒家的思想观念,成为东南沿海地区与妈祖信仰并称的两大女神信仰之一。与碧霞元君及妈祖信仰不同的是,陈靖姑的信仰主要来自民间,她几乎从来没有进入过国家信仰体系,由于其信仰中心地区远离国家政治中心,所以历代皇帝后妃等对于陈靖姑的信仰比较薄弱,但即便如此,出于政治方面的考虑,历史上一些朝代还是对其进行过一些敕封,如五代时闽王赐她为三十六婆官,并树碑纪念;南宋淳祐年间,理宗皇帝追赐其为"慈靖夫人",赐额"顺懿";清乾隆皇帝封赐其为"陈太后"。相对于碧霞元君和妈祖的受敕封号,陈靖姑的受敕封号并不太高,可见皇家还是把她作为民间信仰看待。而民间对其的称号则比较多,最为常见的是临水夫人。其他尊称还有大奶夫人、陈夫人、陈太后、顺懿夫人、顺天圣母、天仙圣

图2-3-3:福州陈十四夫人庙 李致伟提供

母、南台助国夫人、碧霞圣母等。福建民间常以奶娘、娘奶称之，浙南民间则多称其为"陈十四娘"，在台湾为三奶夫人之一，民间称作"陈大奶"。

## 二、女神出身民间

纵观中国民间信仰体系中这些影响较大的女神，在民间传说故事中，她们都没有显赫的背景，均出身于平民家庭，由普通人物而被神化成神，这也是受到当时道教世俗化、民间化的影响，将英雄人物或者道德模范神化是道教神祇的重要来源。碧霞元君的来源比较多，在道教信仰体系中，最初"泰山玉女"只是畅游在泰山地区的一群"吃琼蕊""饮朝露"的自由缥缈、怡然自乐的仙女（玉女），后来又演变为东岳大帝身旁轻盈飘逸的侍女群体，她们只是道教神仙体系中地位低微的群体，构不成一个明确的信仰主体。由于女性属阴，水亦属阴，历代文人墨客将其与泰山圣水联系在一起，塑造了一群在神山圣水中自由徜徉的美丽女子形象，但并未赋予其更多的信仰意义。后来基于现实信仰需求，才将其与泰山圣水泉池相联系，玉女成了岱顶泉池的化身，因此其最初的形象是泰山顶上玉女泉边的玉女石像，直至宋真宗封禅泰山时，下令疏浚玉女池，重立玉女像，对其偶像崇拜才开始。然而在民间信仰中，信众并未接受这种虚无缥缈、遥不可及的玉女形象，而是另外给她塑造了多种平民出身。关于碧霞元君的出身，传说故事有好几种，如有石氏民女说，认为她是汉明帝时西牛国孙宁府奉符县善士石守道之女，因修道成仙被封为碧霞元君。还有传说泰山奶奶是山东沾化久山村的花家女子，从小貌丑头秃，被称为丑姑。丑姑幼年时父母双亡，靠吃百家饭长大。长大后她报恩乡里，后因吃了父亲遗留下来的枣树结的一颗神枣，变得容貌俊美，并且成了泰山大帝的妻子，被封为碧霞元君，据说现在该村花姓村民仍称其为"老姑"，村内还有其不少"遗迹"和关于丑姑

第二章 女神信仰与碧霞元君信仰流变

图2-3-4：西顶庙碧霞元君殿，康熙御题"金阙宣慈"匾额

的故事。类似的传说还有好几种，但几乎毫无例外的是，在这些传说中碧霞元君都是民女出身，是生活在他们中间的"真实存在"，有被人传颂的"真实事迹"，无疑这样的传说更贴近信仰群体自身，他们需要的不是虚幻缥缈、高高在上的"神"，而是源于自己身边、亲切可触的"亲人"。其实，迄今在妙峰山周围，还有很多附近的山民并不知晓碧霞元君是谁，他们不能也不会把这样庄重的名讳与山顶的老娘娘联系在一起，在他们看来，"老娘娘"的称谓更加亲切自然，而且山顶的老娘娘是谁并不重要，重要的是她灵验，能够给大家带来福祉，以至于泰山当地人"终日仰对泰山，而不知有泰山，名之曰奶奶山"[23]。

妈祖的原型是北宋时期湄洲岛上林氏女子林默，她生于仕宦之家，是福建望族莆田九牧林家后裔，父母多积德行善。她出生时就有异象，红光满屋，异香氤氲，弥月不哭不闹，因此父母起名为林默，当地人称她林默娘。民间传说中，林默神通广大，生前做了很多救人的奇异之事，据《天妃显圣录》记载有十六则，分别是：莱屿长青、祷雨济民、挂席泛槎、化草救商、降伏二神、解

51

除水患、救父寻兄、恳请治病、收伏二怪、窥井得符、妈祖诞降、湄屿飞升、驱除怪风、收伏晏公、收高里鬼及铁马渡江。而其死后的显灵事件则更多,如甘泉济师、佑助收艇、澎湖助战、托梦建庙、圣泉救疫、神女搭救、神女救船、保护使节、天妃神助、庇佑漕运、官员脱险、庇佑致胜、使节脱险、旱情解难、神助修堤、神助擒寇、神助宋师、护助剿寇等。由于生长在海边,林默通晓天文气象,谙熟水性,时常救助附近海域遇难的渔民、商船,而且她还能根据天相预测出海吉凶,提前告知渔户是否出航,因此民众说她能"预知休咎事",称她为"神女""龙女"。28岁时,林默因海上救援不幸遇难,民众一时难以接受,认为其已羽化升天,成了海神,永远护佑他们平安顺利,于是建祠供奉。很快,妈祖信仰就传遍了东南沿海,而且向南还远播至中国台湾及东南亚诸国,向北则传至东海、渤海,在天津及山东半岛也建有不少妈祖庙。一个原本普通出身的渔家女之所以受到海内外诸多百姓的敬仰和膜拜,在于其善良正直、见义勇为、扶贫济困、解救危难的品德,她做了许多功德无量、舍己利民的善事。在信众看来,妈祖是生活在他们身边实实在在的真实存在,甚至其家族家谱传

图2-3-5:湄洲岛天后宫祭妈祖大典　高斯琦提供

第二章　女神信仰与碧霞元君信仰流变

图2-3-6：湄洲岛天后宫祭妈祖大典　高斯琦提供

承都延续至今。而海内外学者也都普遍认为，妈祖不是杜撰的偶像，而是从人民中走出来的、被神圣化了的历史人物。

陈靖姑也是平民女子出身，据传她又名陈静姑、陈进姑，俗称陈十四。生于唐大历二年（767），福州下渡（今福州苍山区下渡街道）人，其父名昌，母葛氏，家世巫觋。同妈祖一样，传说其出生时家中也出现异象，异香满室，且弥久不哭不闹，其父母因此为其取名靖（静）姑。陈靖姑幼时聪慧灵巧，悟解玄机。15岁时，拜闾山大法院许真君为师学习道教法术，精通三十六罡法和七十二地煞术，回来后苦心修炼，游走各地救危解困。年长时嫁古田刘杞为妻。陈靖姑最主要的事迹是临水斩蛇，传说当时有白蛇成精隐匿于闽王后宫，化身闽后，蛊惑闽王，闹得后宫颇不安宁。危难之际，陈靖姑带领修道姐妹入宫相助，逼迫白蛇现出原形，并挥剑将其斩杀。随后又布施闾山正法，使闽王后宫被白蛇害死的三十六宫娥全部复活，闽王感念其恩，遂将这三十六宫娥赐予靖姑，跟随其修道，并助其救危纾难，闽王还敕封她为"慈济临水夫人"。后来，闽地大旱，民不聊生，陈靖姑不忍百姓受难，于是

53

拖着孕身施法求雨，动了胎气，难产而死，年仅24岁。明万历年《古田县志》卷十三有载："嫁刘杞孕数月，会大旱，脱胎往祈雨，果如注。因秘泄，遂以产终。诀曰：'吾死后不救世人产难，不神也。'"㉔传闻其死后多次现身助产护婴，百姓感念其恩，乃立祠纪念，尊其为"助产女神"，而对她的尊称中也多与母性相关，如奶娘、娘奶、大奶、夫人妈等。福建诸多地方，迄今仍有在孕产妇家中供奉陈靖姑神位或神像的习俗，一旦获知怀孕，家人就要到庙中将陈靖姑神位或神像请来供奉于孕妇房中，每逢初一、十五均要焚香礼拜，以保佑胎儿及孕妇平安。临产时，请陈靖姑坐镇保佑产妇生产顺利。婴儿平安降生后，要设宴答谢陈靖姑的恩典，并择吉日将其神位或神像送归庙中，称为"回銮"。在浙东、闽北及台湾等陈靖姑信仰区域，保留着诸多有关陈靖姑信仰的民俗活动。对陈靖姑的信仰甚至传到了北方，在北京东部丫髻山碧霞元君祠中，也供奉有陈靖姑的神像，在这里她被尊为"催生娘娘""顺懿夫人""顺天圣母"。妈祖和陈靖姑都是由巫而神的典型。

纵观这三位在我国民间影响甚广的女神出身，在普通信众眼中，她们都是由人而神的真实历史人物，是他们身边的亲人。虽然碧霞元君的成神史有多种说法，可是民众更愿意接受她是普通民女的说法，不同地区的信众甚至杜撰出多个泰山娘娘出身，每一个都与自己的家乡息息相关。在普通信众眼里，泰山玉女的形象过于遥远、虚幻、不真实，并不是他们心目中慈祥、亲切、善良、解危救难、有求必应的泰山娘娘，他们宁愿相信她是普通人家的老奶奶，这样才与他们心心相通，有亲近感。到北京妙峰山进香的很多香客，也是只知道金顶"老奶奶"，而不知碧霞元君为何神，更无法将二者联系起来。妈祖的原型林默以及陈靖姑信仰的原型，也都是乡邻信众自己树立起来的女神形象，她们由于自己的善行而被顶礼膜拜为神，在乡邻们看来，他们的诉求都能从本乡本土的女神那里得到回应，女神就在他们中间，是他们的一分子。

第二章　女神信仰与碧霞元君信仰流变

图2-3-7：信众拜祭顺天圣母陈靖姑　李致伟提供

而反观历史上一些身世显赫的女神,明清以来民间对其的信仰并很不热烈,有时候她们甚至是作为无情无义的负面神祇出现,较为典型的就是前文已经提到的王母娘娘。其原型西王母原初是掌管不死药、瘟疫、刑杀的长生女神,《山海经》中说她"司天之厉及五残"。在历史的流变中,她先是成为男仙之首的东王公之妻,后来又变成三界主宰玉皇大帝之妻,并被称作王母娘娘,地位和权力仅次于玉皇大帝,虽说她统领天庭众女仙,掌管瑶池蟠桃园,可令人长生不老,是吉祥长寿的象征,也有保护婚育、妇女及长寿等职能,宋元以后她的形象也一直出现在《宴瑶池爨》《瑶池会》《蟠桃会》《八仙会》《王母祝寿》等吉祥戏中。但是在中国的民间信仰体系中,对王母娘娘的信仰根基却远逊于以上三位女神,尤其是在一些文学作品和传说故事中,她的形象很多时候并不是很正面,往往以一个霸道、蛮横、缺乏爱心的"毒皇后"形象出现,如她脾气暴躁、心胸狭窄、残暴冷酷,拆散了牛郎织女、拆散了七仙女与董永,动辄将仙界人士贬下凡尘等。或许是人们将玉皇大帝和王母娘娘想象成神界的皇帝与皇后,他们与普通百姓的日常生活距离太远,人们对他们的感情是敬畏而非亲近。在情感上,人们更愿意寻求一位与自己生活接近,亲切、善良、接地气的女神来满足自己的精神诉求。碧霞元君传说中的石氏民女及沾化丑姑都能满足人们对泰山娘娘的心理期望,女神似乎就生活在人们中间,甚至是本村本家人,人们的苦难她都看在眼里,急在心上,信众为其进香时所提出任何诉求似乎都能得到娘娘的回应,这对信众来说是至关重要的,信众需要的更多的是心理安慰,所以丫髻山神仙体系中出现的香河籍的王二奶奶和妙峰山天津籍的王三奶奶,对香河信众和天津信众而言就是他们自家的老祖母,地缘关系更近,她远比来自遥远泰山的碧霞元君更加亲近,因而能得到他们的青睐。同样,妈祖和陈靖姑的原型也都满足了当地信众的这种地缘信仰的需求,因而能流传久远,影响深远。

## [注释]

① 叶舒宪:《高唐女神与维纳斯》,中国社会科学出版社1997年版,第5页。

② 周洁:《〈山海经〉中的女神研究》,硕士学位论文,广西师范大学,2013年,第21页。

③《丛书集成续编》第46册,台北新文丰出版公司1989年版,第14页。

④ 现存《神异经》各版本中并无关于东岳帝君的记载,不知《三教源流搜神大全》所引出于何处。

⑤《丛书集成续编》第46册,台北新文丰出版公司1989年版,第14页。

⑥ 邓东、曹贤香:《北宋崇宁五年的泰山碧霞元君封号》,《齐鲁学刊》2008年第4期。

⑦《古今图书集成·博物汇编·神异典·卷二十一》,第490册,中华书局1934—1940年影印本,第46页。

⑧《古今图书集成·博物汇编·神异典·卷二十一》,第490册,中华书局1934—1940年影印本,第47页。

⑨《古今图书集成·博物汇编·神异典·卷二十一》,第490册,中华书局1934—1940年影印本,第46页。

⑩(清)聂剑光:《泰山道里记》,山东友谊书社1987年版,第16页。

⑪ 周郢:《"碧霞元君"神号源起时代新考》,《民俗研究》2007年第3期。

⑫(清)金棨:《泰山志》(上),载《泰山文献集成》第6卷,泰山出版社2005年版,第241页。

⑬ 毛杰:《泰山娘娘与妈祖封号"碧霞元君"混淆 泰山学者周郢破解神号疑案》,《泰山晚报》B版06版,2015年5月7日。

⑭(清)唐仲冕撰,孟昭水集注:《岱览校点集注》,泰山出版社2007年版,第300页。

⑮(明)张惟贤、顾秉谦等修撰:《大明神宗显皇帝实录五百九十六卷》,明钞本,陕西师范大学出版总社汉籍数字图书馆,第9889页。

⑯《东岳碧霞宫碑》。

⑰(清)聂剑光:《泰山道里记》,山东友谊书社1987年版,第16页。

⑱ 汪曾祺:《泰山片石》,载《汪曾祺散文精选》,长江文艺出版社2013年版。

⑲ 柳芳梧:《泰安城和城郊社戏传略》,载《文史资料选辑》第六辑,泰安郊区政协文史委1989年12月版,第147页。

⑳ 王芷章:《清升平署志略》,国立北平史学研究院1937年版,第65页。

㉑（清）唐仲冕撰,孟昭水集注:《岱览校点集注》,泰山出版社2007年版,第300页。

㉒（清）金棨:《泰山志》,清嘉庆间刻本,002,陕西师范大学出版总社汉籍数字图书馆,第26页。

㉓（清）王照:《行脚山东记》,转引自汪曾祺《泰山片石》,载《汪曾祺散文精选》,长江文艺出版社2013年版。

㉔ 转引自连镇标《多元复合的宗教文化意象——临水夫人形象探考》,《世界宗教研究》2005年第1期。

# 第三章 北京地区的碧霞元君信仰及「三山五顶」

## 第一节　北京地区的碧霞元君信仰

泰山自上而下有上、中、下三座碧霞元君庙宇，山顶碧霞祠是碧霞元君的主庙，天下所有任何其他地方的碧霞元君庙都是其行宫，其中也包括泰山脚下的遥参亭、红门宫和灵应宫等庙宇，遥参亭自明代就供奉碧霞元君，因此被称为第一行宫。此外，泰山周边还有很多碧霞元君的行宫和小庙。明清时期，随着碧霞元君信仰范围的扩大，全国各地尤其是华北地区建了很多碧霞元君行宫庙，一般都称为娘娘庙，有人形容旧时北方娘娘庙几乎"乡乡有，镇镇有，村村有"，并常在左右配祀送子娘娘、催生娘娘、眼光娘娘、天花娘娘等四位娘娘。

根据学者吴效群的推测，北京最早对碧霞元君的祭拜可能在元代就已经出现了，当时蒙古统治者金世宗笃信道教，召长春道人丘处机来燕京（北京），并请他做高功法师，主持万春节醮事，此后道教在北京大盛。丘处机在北京选择了十七处洁净地建庙祭祀，其中就包括东岳天齐仁圣大帝庙，而碧霞元君作为东岳大帝之女，应该在此时就受到京城百姓的拜祭。[①] 至明清时，北京地区对碧霞元君的信仰就已经很普遍了，明末宦官刘若愚所撰《酌中志》是记述晚明宫闱之事的著作，书中记载当时宫中传统："四月……初旬以至下旬，耍西山、香山、碧云寺等，耍西直门外之高粱桥、涿

图3-1-1：五位娘娘

州娘娘、马驹桥娘娘、西顶娘娘进香。"② 可见当时明朝皇家去朝拜娘娘庙已成常态，上行下效，普通百姓受此影响，朝拜娘娘庙也已成风俗。

  北京地区供奉碧霞元君的庙宇数量也很多，鼎盛时期，诸多村镇都供奉有娘娘庙，如清末仅北京北郊清河镇一带，就有3座娘娘庙。明末京城内外有20多座碧霞庙，至清乾隆年间，"依《乾隆京城全图索引》统计，供奉元君的庙有30个以上"③。民国时期统计，北京供奉碧霞元君的庙宇有30多座，有7种称谓，分别是娘娘庙、天仙庵、娘娘行宫庙、天仙娘娘庙、天仙宫及天仙关帝庙。④ 在这些庙宇中，最为著名的当数"三山五顶"娘娘庙，"三山"指的是北京郊县平谷的丫髻山、门头沟的妙峰山以及石景山的天泰山，这三座山上都建有供奉碧霞元君的庙宇，而"五顶"则是指位于北京市郊五个方位的五座娘娘庙，它们或是皇家"敕建"，或是"民间香火旺盛"，因而百姓俗称其为"五顶"。

## 第二节 五顶娘娘庙

明清时期,北京城内最著名的娘娘庙是"五顶"娘娘庙,至于为何叫"顶",明末刘侗等所著《帝京景物略》卷三"弘仁桥"条目云:"而祠在北京者,称泰山顶上天仙圣母。麦庄桥北,曰西顶;草桥,曰中顶;东直门外,曰东顶;安定门外,曰北顶。盛则莫弘仁桥若,岂其地气耶!"⑤即诸顶是相对于泰山顶碧霞祠而言的,泰山顶碧霞祠是碧霞元君的主宫殿,而全国各地的碧霞元君庙都是碧霞元君的行宫,碧霞元君无论在哪里,都如同在泰山顶碧霞祠一样自在,而香客在任何一地拜祭娘娘庙,都如同到泰山顶碧霞祠拜祭一样,因此把这些行宫也称作"顶"。康熙三年(1664)所立的《中顶泰山行宫都人香贡碑》对此也有详细解释:"祠,庙也,而以顶名,何哉?从其神也。顶何神?岱岳三元君也。然则何与于顶之义乎?曰:岱岳三元君本祠泰山顶上,今栖此,此神亦犹之乎泰山顶上云尔。"⑥

关于北京城内的五顶,由上面所引《帝京景物略》可知,明代已有此说法,虽未提南顶,但这段文字是介绍弘仁桥元君庙时所言,故南顶当为弘仁桥东元君庙。⑦清代潘荣陛所撰《帝京岁时纪胜》亦载:"京师香会之胜,京师香会之盛,唯碧霞元君为最。庙祀极多,而著名者有七:一在西直门外高粱桥,曰天仙庙,俗传四月八日神降,倾城妇女往乞灵佑;一在左安门外弘仁桥;一在东直门外,曰东顶;一在长春闸外,曰西顶;一在永定门外,曰南顶;一在安定门外,曰北顶;一在右安门外草桥,曰中顶。又有涿州北关、怀柔县之丫髻山,俱为行宫祠祀。……每岁之四月朔为元君诞辰,男女奔趋,香会络绎,素称最盛。唯南顶于五月朔开庙,至十八日,都人献戏进贡,悬灯赛愿,朝拜恐后。"⑧旧时北京五顶,功能各有特色,中顶以社火、走会闻名;南顶以跑车、赛马闻名;西顶为皇家祝釐之所;北顶、东顶为庙市,是民间物资交流的场所。清代孙承泽《天府广记·寺庙》中记载:"京都有碧霞元君庙五处,香客云集,烟雾终日缭绕,都人最重元君祠,每月初一和十五,士女云集……"⑨时人有诗云:"清和时节开诸顶,忙煞街头荡子车。"⑩可见,春日煦煦,朝拜五顶并游玩赏春乃为明清时候京城百姓的一大乐事。

## 一、东顶

一般认为东顶在东直门外,俗称行宫庙,建于明代,原庙建筑规模不大,"屋止二重"。每年四月有庙市但无庙会,市集规模不大,所售之物多为农具、山货等农民日常用品,来者多为市郊乡民,影响较小。民国有游者言,东顶"庙基极小,逛者不多。现亦多年不开庙会矣"⑪。因庙侧有一株数百年的老榆树,顺义、通州一带人又称其为"孤榆树庙",现已无存。清末,庙宇年久失修,每况愈下。"中华人民共和国成立后,庙宇尚残存,后为太阳宫公社生产队所用。其址约在今华都饭店处。"⑫

不过北京民俗学家白鹤群考证认为,东顶系东坝娘娘庙。东坝

图3-2-1:丫髻山上的东岳庙

娘娘庙建于明朝正统年间（1436—1449），整座庙宇由三进殿房组成，规模较大，前殿为山门殿，供奉王灵官；二殿为主殿，正中供奉碧霞元君娘娘，东西两侧分祀眼光娘娘、瘢疹娘娘、子孙娘娘、送生娘娘。东坝娘娘庙明清时期在北京东郊地区影响甚大，其所在街道被称作娘娘庙街。庙会时间为每年农历五月初一至初七，香客主要来自北京东郊以及三河、蓟县等地。庙会期间，商贾云集，百货杂陈，人声鼎沸，热闹非凡。山门对面的大戏楼，有来自民间的戏班子、杂耍表演酬神，庙会首日，还有东坝西北门的舞狮子和高碑店的高跷前来助兴。前者为"狮子扫殿"，后者为"虎跳山门"[13]。其庙址现位于北京第九十四中朝阳分校院内，仅余正殿三间。

## 二、南顶

南顶其实有二。其一位于永定门外大红门东侧南顶村，为小南顶，名灵通庙。该庙建于明正德年间，清康熙五十二年（1713）和乾隆三十八年（1773）两次奉敕重修。有殿三重，据《日下旧闻考》卷九十载，前殿奉碧霞元君，额"神烛碧虚"；中殿奉东岳，额"神功出震"；后殿奉斗姥，额"妙握璿杓"。山门外有放生池，池左右两侧各有一牌坊，为四楼三柱七券门式，楼顶为筒瓦大脊歇山顶，五彩重昂斗拱。左边牌坊题额"广生""长养"，右边牌坊题额"群育""蕃滋"[14]，匾额及对联皆乾隆皇帝御书，牌坊在中华人民共和国成立之初尚存，后因年久失修，自行坍塌。另据《燕京岁时记》载，南顶每年五月"自初一起开庙十日，士女云集。庙虽残破，而河中及土阜上皆有亭幛席棚，可以饮食坐落。至夕散后，多在大沙子口看赛马焉"[15]。这里不仅是宗教信仰的重要场所，也是京城少年的游乐胜地，一些纨绔子弟终日在此跑车赛马，难免有惹是生非之举。清代曾有多首竹枝词描写当时南顶庙会时的混乱场面，如："但开南顶极喧哗，近水河棚数十家。纨绔子弟归更

图3-2-2：丫髻山苏二奶奶碑

晚，天桥南面跑新车。"⑯"南顶烧香浪荡多，扇摇丰润帽香河。游行杂沓争驰逐，道上纷纷跑热车。"⑰"南城一出醉无涯，倦眼时醒眺望赊。多少少年归去晚，天桥一路跑飞车。"⑱清末光绪十九年（1893），因有大臣上奏，称南顶庙会期间香客众多，男女混杂且车马驰骋，极易引发交通等事故，故朝廷曾一度禁止南顶开庙会。据《清实录》载，光绪十九年（1893）五月初二日，"谕内阁：御史端良奏，匪徒迎神进香，败俗酿弊，请饬禁止，并严申门禁一折。据称'永定门外南顶地方庙宇，向于五月间迎神进香，男女杂还。竟有公侯大员、部院职官微服混淆其间，致有驰骋车马，压毙幼孩等情。甚至永定门亦迟至亥刻始行掩闭'等语，所奏如果属实，殊属不成事体。著步军统领、南城御史严饬营城司坊各官，一体严行禁止。倘敢明知故纵，即行从严参办。并分饬各城门该官员弁，务当遵照向章，按时启闭，以重门禁"⑲。至此以后，永定门外南顶香会逐渐败落。宣统二年（1910），清政府曾再度开放南顶庙会，但已不能挽回颓势。民国以后，南顶庙会再未开放，一是因为当时庙已圮倒，而整个社会民不聊生，政府无力也无心再去整饬重修；二是战乱频仍，经济、贸易不景气，重开庙会恐游人不多，商贩徒劳往返。此处现已无庙。

其二是指大南顶，位于在左安门外弘仁桥头。此地辽、金时名马驹里，北临凉水河（即浑河），时有木桥，名压浑桥，为通州边界。因过往多驮杂，后渐以马驹桥名，明代修九孔大石桥，赐名"弘仁"。据《京城古迹考》载，该庙创建于明成化年间。又据《日下旧闻考》，清乾隆三十八年（1773）重修，三十九年（1774）落成，乾隆皇帝"亲诣瞻礼，有御制诗，记勒于石"。《御制碧霞元君庙落成瞻礼有作》诗云："周礼或弗读，遂人久失职。治水并治涂，互因难惜力。然古实用民，今惟发价值。国家之善政，从不兴力役。桥以跨川修，庙以镇桥饬。需殷相得彰，落成值此日。清晓出东门，村民多喜色。轮奂致瓣香，祈祐民福国。祥澍刚湿地，归舆云破翼。优渥以为佳，降馨愧无德。乾隆甲午暮春月中浣御笔。"石碑则为《重修碧霞元君庙碑记》。《京城古迹考》载该庙共有五殿二坊，五殿依次为山门、功曹殿、圣母殿、天齐殿、玉皇

图3-2-3：送给女神的鞋子

阁;山门前有两座牌坊,分别为"天仙圣境"和"弘德慈仁",为明光宗泰昌元年(1620)敕造。圣母殿内有明天启元年(1621)所立碑一通,碑文乃大学士叶向高所撰;玉皇阁院内有龙爪槐二株。[20]

另据《帝京景物略》载,北京五顶中弘仁桥娘娘庙香火最盛,庙会期间,自左安门至弘仁桥四十里,一路上各香会组织及香客,或坐轿,或骑行,或步行,或拜行,来来往往络绎不绝:"岁四月十八日,元君诞辰,都士女进香。先期,香首鸣金号众,众率之,如师,如长令,如诸父兄。月一日至十八日,尘风汗气,四十里一道相属也。舆者,骑者,步者,步以拜者,张旗幢、鸣鼓金者。舆者,贵家,豪右家。骑者,游侠儿、小家妇女。步者,婆人子,酬愿祈愿也。拜者,顶元君像,负楮锭,步一拜,三日至。其衣短后,丝裈,光乍袜履,五步、十步至二十步拜者,一日至。"而各香会队伍更是热闹非凡,有乐队,有各色旗幢,还有架作好几层的"台阁",阁中坐儿童,扮出各种戏剧场面。还有一些少年面涂粉墨,扮成僧尼、乞丐、丑角、无赖等娱乐观众:"群从游闲,数唱吹弹以乐之。旗幢鼓鸣金者,绣旗丹旐各百十,青黄皂绣盖各百十,骑鼓吹,步伐鼓鸣金者,称是。人首金字小牌,肩令字小旗,舁木制小宫殿,曰元君驾,他金银色服用具,称是。后建二丈皂旗,点七星,前建三丈绣幢,绣元君号。又夸儇者,为台阁,铁杆数丈,曲折成势,饰楼阁崖水云烟形,层置四五儿婴,扮如剧演。其法,环铁约儿腰,平承儿尻,衣彩掩其外,杆暗从衣物错乱中传。下所见云梢烟缕处,空坐一儿,或儿跨像马,蹬空飘飘,道旁动色危叹,而儿坐实无少苦。人复长竿掇饼饵,频频啖之。路远,日风暄拂,儿则熟眠。别有面粉墨,僧尼容,乞丐相,逼伎态,憨无赖状,间少年所为喧哄嬉游也。"弘仁桥旁边形成市集,有卖麻胡、欢喜团等小吃的,有卖草帽的,有卖鬼脸、鬼鼻、鬼须等玩具的,香客们风尘仆仆回家来,头戴草帽,面戴鬼脸、鬼鼻、鬼须,袖子里藏着麻胡、欢喜团,心满意足,喜气洋洋。"桥旁列肆,搏面角之,儿曰麻胡。饧和炒米圆之,曰欢喜

第三章 北京地区的碧霞元君信仰及"三山五顶"

图3-2-4：丫髻山365层台阶的祈福路

团。秸编盔冠幞额，曰草帽。纸泥面具，曰鬼脸、鬼鼻。串染鬃鬣，曰鬼须。香客归途，衣有一寸尘，头有草帽，面有鬼脸，有鼻，有须，袖有麻胡，有欢喜团。入郭门，轩轩自喜。道拥观者，啧啧喜。入门，翁驱妻子女，旋旋喜绕之。然或醉则喧，争道则殴，迷则失男女，翌日，烦有司审听焉。"[21]清嘉庆年间有首竹枝词，也描写了当时大南顶庙会盛况："枣花照眼麦齐腰，南苑红门入望遥。钲鼓前鸣香呗起，烧香人上马驹桥。"[22]1900年，八国联军入侵北京时，大南顶附近的皇家园林南海子被毁坏，殃及南顶，大南顶庙会自此败落，庙宇亦日久坍塌。

## 三、西顶

西顶娘娘庙位于海淀区四季青乡蓝靛厂长春桥畔，始建于明代，这里地势低洼，土地肥沃，当时内监局所辖织染局在此种植蓼蓝、山蓝和松蓝等染料植物，并制成蓝靛供宫廷染布之用，由此得名蓝靛厂。明天启四年（1624）所立《敕赐报国洪慈宫碑记》载，此地"旧有玄帝祠……万历庚寅（1590）间，降神于居，人王从智，传神之言曰：近奉上帝敕旨，转司八天门，其故职以岳鄂

69

王代。一时人心震骇，投诚皈命，相与筑基，塑像庙貌以崇。而道士者流，复祀碧霞元君于玄帝殿后"㉓。此处原为供奉真武大帝的玄帝祠，万历十八年（1590），有民间传说真武大帝显灵，言上帝命其镇守八天门，而其原来的职责将由岳飞代替。于是万历皇帝下令于原玄帝祠内供奉岳飞，并更名为护国洪慈宫，而守庙的道士则在玄帝殿后供奉碧霞元君。至万历三十六年（1608），因民间信奉碧霞元君日盛，传言碧霞元君在此显灵，远近信徒争相前来膜拜。万历皇帝的母亲"孝定皇后在慈宁宫闻之，为出金钱佐之费，暨神宗显皇帝（万历帝）亦有给赐，且命内宫监太监马谦督其工，于是前殿后寝以至廊庑门墙次第肇举矣"。此即西顶娘娘庙创建之始。天启二年（1622），大司礼监太监魏忠贤巡察内监局之蓝靛厂，顺便"瞻拜祠下"，见碧霞元君祠"雪飘摇风，且剥蚀轮奂"，感叹"庙宇废弛，有负先朝圣意"，于是回宫后进行募捐，"谋诸大司礼王公体干等，佥韪其议，因各捐禄入之余……"予以重修，于天启四年（1624）修葺完毕，并立《敕赐报国洪慈宫碑记》。重修新增了山门、钟鼓楼、藏经阁、法坛等，还在寺庙西侧修建了数十间精舍，作为皇帝派遣到此的宦官之居所。此外还购

图3-2-5：西顶庙

买了一些农田为庙产,供给道士们生活所需。重修后的西顶,规模宏大,宫殿众多,为京城碧霞元君庙之冠。据传整个庙宇坐北朝南,建筑模式模仿宋朝格局,正殿与后殿之间有廊庑相通,呈"工"字形布局,这在北京寺庙中较为罕见。自中轴线上由南向北依次有戏楼、牌楼、山门、山门殿、正殿、后殿、垂花门和藏经楼等。山门殿中供奉马、赵、温、关道教护法四帅,"神气如生,狰狞可畏,座下八怪,尤觉骇人。凡携小儿者,多掩其目而过之"。正殿内供奉有9位圣母娘娘的青铜像:正中为天仙娘娘、子孙娘娘、眼光娘娘,左龛为催生娘娘、送生娘娘、乳母娘娘,右龛则是瘢疹娘娘、痘疹娘娘,还有一位法身较小的娘娘铜像,不知名号。"庙有七十二司神,皆绘画,非塑像也。"[24]可见其富庶。

清朝时期西顶亦受到皇家特殊礼遇,清康熙帝曾两次到西顶进香,康熙四十七年(1708)他初次来,见庙宇残破,下旨重修;康熙五十一年(1712)他再次来进香,御赐西顶为"广仁宫",还赏赐珠冠、袍幡、御书天仙玉女经卷,并立《御制西顶广仁宫碑记》,盛赞碧霞元君的灵验:"京城西直门外有西顶,旧建碧霞元君宫,地近西山之麓,直今西苑之西南,所谓万泉庄者,固郊畿一胜境也。元君初号天妃,宋宣和间始著灵异,厥后御灾捍患,奇迹屡彰,下迄元明,代加封号,成弘而后,祠观尤盛。郛郭之间,五顶环列,西顶其一也。岁时既久,陈迹都荒,碑碣犹存,榱桷弗整,其谓妥神何!岁在戊子,发内帑,命有司鸠工重葺之,阅一载而落成。栋宇穿然,垣庑翼然,殿寝秩然,丹艧灿然,瞻拜其下者虔肃有加焉。朕于万几之暇,亦往展礼,仰祝圣母之鳌,俯介生民之祉,以祈纯嘏,以巩皇图。颜其额曰广仁宫。"每年开庙之时,内务府都会派大臣前来拈香,京城各娘娘庙,只有这里与丫髻山碧霞元君祠有此殊荣。得益于明清两朝皇家的支持,西顶娘娘庙在明清之时一直香火旺盛。"每年四月初一日起至十五日止开庙,香火极盛。盖宫之左近各营房及海淀村民来游者甚多,宫门内外赶集,设摊极夥。"[25]

图3-2-6：西顶庙碧霞元君像

历史上，西顶每年四月初一至十五之间举办庙会，热闹非凡。自明代起，京城人就有去西顶进土之俗。为什么要去进土呢？原因是当时西顶庙所在的蓝靛厂一带，"其地素洼下，时都中有狂人倡为进土之说，凡男女不论贵贱，筐担车运，或囊盛马驮，络绎如织。甚而室女艳妇，藉此机会以恣游观，坐二人小轿，而怀中抱土一袋，随进香纸以徼福焉"㉖。西顶地势低洼，有百泉涌流，于是京城内有人倡议为西顶"进土"将其垫高，所以每逢庙会之日，男女老幼摩肩接踵，通过车拉、肩挑、手提等各种方式带土前来垫平洼地，祈福禳灾。其庙宇至民国时仍基本保存完整，但香火已成衰颓之势，据民国二十五年（1936）北平寺庙统一登记时记载："广仁宫，坐落西郊蓝靛厂十七号，建于明天启年，属公建。不动产土地本庙十二亩，房屋一百三十六间；附属土地十八亩，房屋十三间。管理及使用状况为供佛。庙内法物有铜、泥像一千二百九十位,礼器七十三件,法器五件,经一部,另有石碑三十八座,松树六十四棵,槐树十二棵,栲栎树两棵,水井一眼。"㉗抗战之后,西顶"其各司(七十二司)之尊神鬼使大都坍塌倒坏,东西配亭败坏尤甚。其庭院虽广,无非蔓草荒烟。则本庙除庙会外,人迹罕至,可知也矣"㉘。1949年以后,西顶娘娘庙被社会单位占用,部分建筑被拆。目前,此处已修缮一新,名西顶

图3-2-7:西顶过会图(局部2) 清 无名氏绘 中国国家博物馆藏 采自《绘画卷(风俗画)/中国国家博物馆馆藏文物研究丛书》

庙，重新向游人开放。

## 四、北顶

北顶娘娘庙现位于北京奥运会主场馆区内，毗邻"鸟巢"和"水立方"。《京城古迹考》言："安定门外者曰北顶，殿三重，有崇祯辛未碑一通，董其昌书撰。"㉙北顶娘娘庙是明宣德年间皇家敕建的庙宇，当时为三重大殿；清乾隆年间奉敕重修，为四进五层殿，庙前有大戏台，每逢庙会必请戏班唱戏。庙内供奉碧霞元君、眼光娘娘、子孙娘娘、东岳大帝、玉皇大帝、关帝、药王等

图3-2-8：北顶娘娘庙

图3-2-9：北顶娘娘庙

第三章 北京地区的碧霞元君信仰及"三山五顶"

图3-2-10：北顶娘娘庙中的碧霞元君像　　图3-2-11：北顶娘娘庙中的娘娘殿

神祇。《燕京岁时记》记载："北顶碧霞元君庙在德胜门外土城东北三里许。每岁四月有庙市，市皆日用农具，游者多乡人。"㉚这里是昌平、沙河一带农民的商品交易所，直至中华人民共和国成立初期这里的庙市才结束，当时北顶娘娘庙所在的村子叫北顶村。北顶在五顶之中影响亦不大，与东顶类似。

据民国二十五年（1936）北平寺庙统一登记时记载，北顶娘娘庙附近有坟地10亩，香火地5亩，有房40余间，泥像120尊，碑4座。"文化大革命"后存有山门、前殿、钟楼、鼓楼等建筑。2008年北京奥运会主场馆最初的规划设计中，拟将其拆除，后为保存该庙，更改规划设计，将国家游泳中心水立方向北移动100余米，北顶娘娘庙得以保全并修缮一新，新修后沿中轴线依次排列的主体建筑有山门殿、天王殿、娘娘殿、东岳殿、玉皇殿，共有四进院落。庙内有万历年间铜炉1座，宣德年间铜钟1座，钟、鼓楼各1座。

## 五、中顶

中顶原位于丰台区南苑乡中顶村，其全称为"护国中顶岱岳普济宫"，这是五顶之中距离旧时皇城最近的，始建于明代，清乾隆年间重修。现存有正殿、山门，正殿前有百子碑1座，碑文撰有"中顶普济宫百子胜会碑记"。据《帝京景物略》记载，右安门外南十里草桥一带，唐朝时建有万福寺，后来寺废而桥存。明天启间，建碧霞元君庙于桥北。每年四月庙会期间，游人聚集，旬日乃罢。

清康熙三年（1664），重修碧霞元君庙，并立《中顶泰山行宫都人香贡碑》，该碑记载："都下有五顶，唯中顶为最近。出南城右安门外西南，沿凉水河堤道盘折，凡三里许一带，深柳丛芦，亭墅参错，曲沼碧河交映。一庙踞其上，丹翠辉耀，森森然壮丽者即中顶也。故都人之奔走崇奉，自夏徂秋，亦惟中顶为最盛。"康熙三十五年（1696）再次修缮，翰林院史立夔撰写了《中顶普济宫

图3-2-12：丫髻山庙会期间悬挂的彩旗

图3-2-13：祈福牌

百子膳会碑》。乾隆三十六年（1771），乾隆皇帝大规模敕修中顶，还御制匾额，据《日下旧闻考》所载："前殿奉碧霞元君，额曰'资生溥化'，中殿奉东岳，额曰'大德曰生'，俱皇上御书。庙有康熙中大学士王熙、李天馥二碑。"[31]中顶归南苑奉宸苑管辖，属皇家苑囿，有香火地百亩，比较富庶。

中顶庙会原在四月初一，后来改为每年农历六月初一，由于草桥一带居民以种花为业，庙会期间正值初夏，花木繁盛，尤其是莲花盛开，吸引了众多香客前来观花，这是中顶独有的特色。《帝京岁时纪胜》载："六月朔日，各行铺户攒聚香会，于右安门外中顶进香，回集祖家庄回香亭，一路河池赏莲，箫鼓弦歌，喧呼竟日。"[32]时人竹枝词描写中顶进香游人及景象："右安门外少风尘，人影衣香早稻新。小有余芳开市后，坐看中顶进香人。"[33]"十里城南过草桥，揭来中顶趁晴朝。花风谷雨清和序，如此烟光不易描。"[34]"盈眸苍翠望全觅，人影衣香踏绿蹊。一路树荫遮不断，荷风吹送草桥西。"[35]清末民国之时，中顶虽已败落，但由于其地处花乡，景色优美，开庙之时仍然游人如织。

## 第三节　天泰山慈善寺与丫髻山碧霞元君祠

除了五顶之外，明代北京碧霞元君信众，还远到涿州娘娘庙进香，当时，"其涿郡娘娘，宫中咸敬之，中官进香者络绎"[36]。天启年间，太监魏忠贤也亲自到涿州娘娘庙进香，正是有了皇宫为先导，涿州娘娘庙在京城名声大振，一时香客如云，"二月，都人进香涿州碧霞元君庙，不论贵贱男女，额贴金字，结亭如星，坐神像其中，绣旗瓶炉前导，从高粱桥归，有杂伎人腾空旋舞于桥岸，或两马相奔，人互易之，或两弹追击，迸碎空中"[37]。但是，清朝以后，由于清朝皇宫对涿州娘娘庙不再宠幸，转而宠幸西顶和丫髻山，加上涿州路途遥远，涿州娘娘庙逐渐在京城民众的拜祭中消失。与此同时，北京郊县山顶的三座娘娘庙则名声逐显，一时风光无限。

## 一、天泰山慈善寺

石景山区五里坨天泰山又名天台山、天太山、西山等，山上有慈善寺，始建于明代万历十五年（1587），是一座集儒、释、道和民间诸神为一体的寺院。慈善寺坐北朝南，由正院、东跨院、东山殿区和山门殿区四部分组成，有殿宇30多间，正院包括山门殿、大悲坛和伏魔殿；东跨院是三皇殿；东山殿区由南向北依次为观音阁、小财神殿、王三奶奶殿、弥勒殿、龙王庙、娘娘庙、火神庙、吕祖殿和马神殿，娘娘庙后面东侧山坡上有山神庙，山神庙西北侧则有天齐庙和玉皇殿；山门殿区则有文昌阁（现为售票处）、卧佛殿和接引殿。这里囊括了中国儒、释、道诸路菩萨、神仙和民间神祇。慈善寺各殿宇按照"北斗七星"的方位沿山依次排列，在中国庙宇中仅此一处。

慈善寺在京西地区影响甚广，当地还广泛流传着清顺治帝在此出家修行，并成为魔王菩萨的故事。据寺内清嘉庆五年（1800）《重修碑记》载："天太山慈善寺，居西方则极乐之地，近京师则首善之区。胜境不虚生，至人必世出。苏都媲美，诞降魔王祖师；昭代比隆，群奉燃灯古佛。志坚行苦，转石丸于悬崖绝壑之间；德盛道尊，成金身于化日光天之世。"有京西民谣唱道："顺治出家天台（泰）山，成了魔王不下山。坐成泥胎驻山上，死前作诗叫归山。脑袋扭着朝东看，不忘皇城大清山。"[38]1917年和1924年，冯玉祥曾两度在此隐居，至今慈善寺附近石崖上还留有他手书的刻石，寺中设有"冯玉祥将军展室"。

旧时，每年农历三月十八日前后三天为天泰山庙会日期，《燕

第三章　北京地区的碧霞元君信仰及"三山五顶"

图3-3-1：天泰山慈善寺娘娘庙

图3-3-2：天泰山慈善寺娘娘庙碧霞元君像

京岁时记》载："每岁三月十八日开庙，香火甚繁。"㊴寺内碑刻亦有记载："例于每年三月之望，为古佛成道之期，远近村民、绅商学界、善男信女焚香顶礼者络绎塞途，感灵祈福者争先恐后……诚为一方香火极盛之寺也。"而妙峰山庙会则是在四月初一才开始，因此每年香客都是先到天泰山进香，然后再去妙峰山进香。清人

79

有竹枝词言："西山香罢又东山，桥上娘娘也一般。道个虔诚即问好，人人知是进香还。"㊵"西山"指的就是天泰山，"东山"则是指妙峰山，"桥上娘娘"指的是大南顶娘娘庙，因建在马驹桥（弘仁桥）头，故俗称为"桥上"。

京城三山五顶虽然都供奉碧霞元君，香客们来进香也多数为碧霞元君而来，但天泰山由于不是碧霞元君的主祠，来这里进香的人多数是为着魔王菩萨，因此民间有"三山五顶供娘娘，只有天台（泰）供魔王"的说法。1958年后，天泰山庙会停办。三山中更为著名的则是京东丫髻山和京西妙峰山的娘娘庙，至迟于清乾隆年间，它们成为京畿朝顶进香的圣地。

图3-3-3：天泰山慈善寺伏魔殿供奉魔王和尚

## 二、丫髻山碧霞元君祠

丫髻山位于京东平谷刘家店镇北吉山村西北部群山中，据北京城区80公里，历史上这里隶属于怀柔，因其两座山峰高耸，远观如少女发髻而得名，当地百姓称之为"东大山""大山庙"等。当然，每座神山在民间都会另有一个来历传说，据当地百姓传说：当初王母娘娘寿辰，在天庭大摆蟠桃宴会宴请众仙，命仙童献酒，仙童不小心打翻了玉壶，琼浆洒落人间，形成了山脚下的错河。王母娘娘大怒，将仙童赶出天庭，仙童降落凡间化作了丫髻山峰。丫髻山有东西两顶，唐贞观六年（632）始有道士于丫髻山西顶结庐修炼，元代改为碧霞元君庙。历史上曾被明清朝廷御封为"护国天仙宫""金顶""畿东泰岱""近畿福地""灵应宫"等。[41]这里早在明朝就已经成为京城百姓的朝顶圣地。清康熙三十五年（1696），内阁大学士兼礼部侍郎张榕来丫髻山进香，并撰写《丫髻山天仙祠碑记》，记言："丫髻固北方之名山也。而其所祀之神，则天仙焉。夫天仙盖后妃也，其祀之者何报之也？后妃之德洽于宫闱，达于闾阎，后人思其德而祀之也。其建祠于山者何以？丫髻居恒山之次，而峰秀林葱，非山无以为妃之妥，非妃无以山之赫奕也。"

明嘉靖之前，丫髻山上仅有三间庙宇，规模较小。据《怀柔县志》记载："（丫髻）山旧有碧霞元君庙三间，明嘉靖中有王姓老媪发愿修建。以山高风烈瓦易飘失，募化铁瓦，独身运至山上，往来迅速。人异之，施者渐众，殿以告成。每岁四月十八日，四方聚会五日。"[42]据传王姓老媪来自河北香河，民间称其为王二奶奶，她以一己之力发愿重修碧霞元君庙宇，感化众人，大家齐心协力募资修成铁瓦殿（娘娘宫），于每年四月十八日开庙会五天。近年来考古发掘出土了铁质板瓦和筒瓦可以为证。[43]"铁瓦殿"一直使用到康熙三十七年（1698），才由时任丫髻山住持的正一派分支周祖灵宝派道士、天师府第13代传人李居祥拆除，改建大殿三间。可见，最初丫髻山的碧霞元君信仰完全是民间自发行为，后来其规模逐渐扩大，影响日重，因而引起了朝廷的注意。明嘉靖年间曾被"敕封护国天仙宫"，而出现于明万历年间的《灵应泰山娘娘

图3-3-4：东西丫髻

图3-3-5：丫髻山王二奶奶神像两旁挂满了信众送的锦旗，尤以河北香河香客居多

宝卷》已经把丫髻山当成泰山娘娘行宫，而且称之为"北顶"："立会场普天下尽都扬名：三头营唯东顶娘娘镇就，丫结（髻）山唯北顶普度众生。"㊹据康熙四十八年（1709）所立《丫髻山天仙庙碑记》载：明末魏忠贤得势之时，有人为了讨好他，建议在这里为其修建"崇功祠"，庙未立而魏氏倒。人们认为这是元君显圣惩恶扬善，让魏忠贤尽快倒台。"人咸称元君褫其魄而速之诛，其威万英爽类如此。士民因钦崇奉祀，笔其事于石，以志元君之福庇善类、祸族金邪，神功乌可没哉？"㊺可见，当时丫髻山碧霞元君庙在北

图3-3-6：遥望丫髻山

京碧霞元君信仰体系中已经占有很重要的地位了，民间和官方都把这里当成朝顶圣地。

清朝中前期，在皇室的推动下，这里的香火达到鼎盛。庙会期间，四面八方来朝山的民间香会团体和香客络绎不绝，《怀柔县志》记载这里"国朝香火日盛"，康熙五十四年（1715）所立《丫髻山玉皇阁碑记》亦载："自元、明以来，号为近畿福地。因上有碧霞元君之祠，是以每岁孟夏，四方之民会此祈祷者，骈肩叠迹，不可胜计。"之所以会如此繁茂，与清朝皇室的大力支持密不可分。当时清皇室每年要到承德避暑山庄避暑，丫髻山乃必经之地，长途迁移车马劳顿，清廷于是在此附近建立行宫，以便人畜稍作歇息。而当时到丫髻山进香已在民间流行多年，行至此处停脚歇息的皇室成员，尤其是后宫女眷们到山顶进香也逐渐成为习惯。这无形之中对丫髻山扩建和影响力扩大都有极大的帮助，由皇室赞助修建宫宇对丫髻山信仰体系的完善起到了至关重要的作用。尤其是康熙帝两次驾临，更是使丫髻山信仰的地位有了质的飞跃，丫髻

图3-3-7：丫髻山碧霞元君像

山娘娘信仰算是得到了官方的认可,自此丫髻山的进香活动达到鼎盛,而且具有了更多的政治意义。

康熙四十三年(1704)及五十五年(1716),康熙皇帝两次驾临丫髻山,并有大量赏赐,包括赏钱、赐额及题诗等。丫髻山宫殿庙宇也得以重修扩充,规模和设置都与原来不可同日而语。史载:"(康熙)四十三年圣祖御书匾曰敷锡广生,五十二年复建玉皇庙,御书匾曰清虚真宰,并御制碑文。皇上御极以来时加修葺,屡奉皇太后安舆临幸,御书匾曰神宵朗照,曰慈护香邑;玉皇阁匾曰妙握乾枢。"㊻康熙五十二年(1713)正值其六十大寿,在臣民的资助下,守庙住持李居祥在丫髻山东山上修建了玉皇庙为皇帝祝寿,内奉昊天金阙至尊玉皇大帝塑像。"至(三月)十八日万寿节,在京皇会至山进香,彩楼仪仗,凡二三万人"。自此,清皇室每隔十年要去丫髻山进香一次,丫髻山乃成了"畿东泰岱",成为北京地区娘娘庙的统领者。在皇家的推动下,到康熙六十年(1721),丫髻山已经建成了一个规模庞大的庙宇群,建筑包括娘娘宫、玉皇顶、钟鼓楼、三皇殿、行宫、万寿亭、巡山庙、三宫庙、菩萨殿、回香亭、东岳庙、灵官殿、观音堂、虫王庙、紫霄宫等诸多宫殿。

图3-3-8:从碧霞元君祠方向遥看玉皇阁(东丫髻)

第三章　北京地区的碧霞元君信仰及"三山五顶"

图3-3-9：丫髻山玉皇阁　　　　　　　　　　图3-3-10：丫髻山玉皇大帝像

图3-3-11：从玉皇阁遥看碧霞元君祠（西丫髻）

这可以说是丫髻山庙宇发展的鼎盛时期。此后，乾隆帝也曾三次驾临丫髻山，并留下了数个御制题额和两首御制诗，乾隆时代的文人俞蛟在其著作《梦厂杂著》写道："（丫髻山）上碧霞元君庙，四月十八日，为神设帨之辰，焚楮帛献牲醴者，自春入夏，合齐、鲁、赵、魏、秦、晋之乡，男妇担簦杖策，竭丹诚而叩祝者，毂相击、趾相错也，而神之灵异，亦最著。"[47]可见当时丫髻山娘娘已经成为华北地区影响极为广泛的信仰主体，而丫髻山庙会亦成为华北地区四大庙会之一，上至皇帝后妃、宗室王爷、达官显贵，下至文人雅士、市井民夫，皆有瞻拜进香丫髻山庙会的习俗。

为了接待更多的香客和香会，在清代，丫髻山庙会由明朝的五天增至二十天，会期从四月初一到四月二十止。[48]每到庙会之时，清内务府就派官员或皇室成员前去进香祭拜，朝廷进香的日子是四月十八娘娘寿辰当日。庙会期间，怀柔县及平谷县会派官员维持秩序，确保庙会有序进行。乾隆登基之初（1736），就废除了实行近两个世纪的香税，这也使北京地区的庙宇，包括碧霞元君庙数量剧增，民间香会团体也因此迅猛发展，它们都把为娘娘护驾听差当成职责，到各个娘娘庙去进香拜祭。乾隆时期，香会组织在丫髻山山顶立碑的就有"报恩源留放堂老会""如意攒香供献鲜花寿桃胜会""如意掸尘净炉老会""福寿香茶斗香老会""永远帘子老会""京都龙灯老会"等，此外，丫髻山上还有"丫髻山进香老会""诚意会""丫髻山工部献灯老会""元宝老会""福善圣会""二顶放堂老会""献音胜会""永远胜会""福善香茶斗香老会""纯善源留老会""合意进供鲜花老会""子午香长香会""一山善人灯会""香河县南窝头村合义会""香武大后家湾恭意老会""永远济贫放堂老会""顺义县助善老会""如意老会""万诚老会""诚意圣会""东直门外三顶老会"等香会会碑。由香会会碑可知，清朝中后期香会的分工更加细致。丫髻山《一山善人灯会记事碑》记载：乾隆二十四年（1759），城内德胜门内绦儿胡同的信士袁士库同妻钱氏为丫髻山娘娘顶捐募了一百零八盏金灯，并在山下置地

图3-3-12：丫髻山牌坊，正面额"近畿福地"

图3-3-13：丫髻山牌坊，背面额"弘佑天民"

七十五亩，其租银用作补修金灯。由此产生了丫髻山"一山善人"灯会，该灯会以小灯排成"一山善人"四个字，为夜晚进香的香客引路。后来由于经费筹资困难，该灯会逐渐衰落，并分裂成两股，分别管理"一山"和"善人"二字灯。到了嘉庆初年，"一山"灯勉强能够维持，而"善人"灯却已中断。直到嘉庆十三年（1808），在王勋等信士的资助下，"善人"灯才得以复燃。㊾

嘉庆初年，长达七年的白莲教起义不仅削弱了清廷的统治，而且一度威胁到嘉庆皇帝的性命，自此以后清朝皇帝再未驾临过丫髻山，而清朝中后期由于国力衰弱，皇室成员每年去承德避暑山庄避暑亦无法实现，丫髻山行宫逐渐废弛，虽然清廷每年仍派大臣或皇族去丫髻山进香行礼，但其规格亦无法同康乾之时相提并论。此时，清廷的朝顶重心也逐渐转到离海淀行宫颐和园、圆明园更近的西部妙峰山。诸多因素导致嘉庆以后丫髻山进香已经逐渐走向衰落，此时期，支撑它的仍旧是民间信仰团体，但是信徒群体却不再是以京城民众为主，来自京都顺天府东路的香河、三河、宝坻、武清等县的香会后来居上，逐渐取代了京城香会的地位，他们也将新的神祇——王二奶奶带到了丫髻山，并使其逐渐成为香河香客的代言人，据1936年民国版《香河县志》第五卷《风土·礼俗》载："四月自初一日起，至十五日止，男妇多往怀柔县之丫髻山庙会进香，车马络绎于途。相传神内有王奶奶，系香河县人，妇孺称述，灵迹颇多，乡民均甚信仰。旧附祀于县东门外之娘娘庙，现已于庙旁募建专祠。"㊿经过香河人的大力宣传，王二奶奶成了老娘娘碧霞元君的陪侍，一度引起众多香河香客前来参拜。《香河文史资料》（第二辑）中详细记载了香河"花儿老会"前来丫髻山朝觐的全部过程："乔各庄'花儿老会'每年要去丫髻山'朝顶'。出发前必须到祠堂里来'号佛'：花儿老会派三面大锣进祠堂，一字排开跪在月台上，边敲边喊：'南无南海……'请二奶奶起程同行，并在沿途用神力佑护。庙会期间到这里烧香的多是本身或家属有病的。供桌旁站着'庙祝'，烧香人先施香钱再接

第三章 北京地区的碧霞元君信仰及"三山五顶"

图3-3-14：丫髻山碑林

图3-3-15：丫髻山香会碑

香，插在香炉里，跪下叩头。庙祝边打磬边唱：'烧香舍香钱，不舍香钱烧空香！''久跪不如回家敬，让给后人是善行！'等着祈祷的人排了老长老长的队，在烈日下晒着，谁也不乱挤乱动，只盼庙祝多唱几句'让给后人是善行'。"[51] 就这样，清末民国之时，丫髻山逐渐成为京东各县的碧霞元君信仰中心，而京城内碧霞元君的信众则主要去往妙峰山及市内诸庙。1937年日本入侵北京后，丫髻山进香之路几乎断绝，自此丫髻山庙会也一蹶不振。1949年前夕，丫髻山碧霞元君祠、玉皇阁等十多座庙宇被毁，1956年丫髻山庙会停办。2004年在当地信众的资助下，政府主持重修了丫髻山，在山顶建了元君殿和山门，恢复了山下的紫霄宫。如今，每年四月举行为期一个月的庙会，丫髻山也以新的面貌迎接香客。

[注释]

① 吴效群：《北京碧霞元君信仰与妙峰山庙会》，《民间文学论坛》1998年第1期。

② （明）刘若愚：《酌中志·饮食好尚纪略》卷二十，北京古籍出版社1994年版，第180页。

③ 田源、靳昊千：《北京西顶娘娘庙明清时期石碑统计分析》，《中国道教》2016年第3期。

④ 隋少甫、王作楫：《京都香会话春秋》，北京燕山出版社2004年版，第186页。

⑤ （明）刘侗、于奕正：《帝京景物略》（卷三），上海古籍出版社2001年版，第193页。

⑥ 刘仲孝：《碧霞元君和北京的五顶》，载《京华古迹寻踪》，北京燕山出版社1996年版，第95页。

⑦ 李海滨：《碧霞元君信仰与北京的"五顶"》，《中国道教》2006年第1期。

⑧ （清）潘荣陛、富察敦崇等：《帝京岁时纪胜 燕京岁时记》，北京古籍出版社1981年版，第18—19页。

⑨ （清）孙承泽纂：《天府广记》（下册），第39卷，北京古籍出版社1982年版，第591页。

⑩ 佚名：《燕台口号一百首》，载《清代北京竹枝词（十三种）》，北京古籍出版社1982年版，第29页。

⑪ 《北京庙会史料通考》，北京燕山出版社2002年版，第308页。

⑫ 邵天：《北京的五顶》，载《京华古迹寻踪》，北京燕山出版社1996年版，第96页。

⑬ 白鹤群：《东顶——东坝娘娘庙》，http://blog.sina.com.cn/s/blog_6393a09a0100mkxg.html。

⑭ （清）于敏中：《钦定日下旧闻考》卷九十，《四库全书·史部》，第7页。

⑮（清）潘荣陛、富察敦崇等：《帝京岁时纪胜 燕京岁时记》，北京古籍出版社1981年版，第68页。

⑯（清）得硕亭：《草珠一串·名胜》，载《清代北京竹枝词（十三种）》，北京古籍出版社1982年版，第58页。

⑰（清）学秋氏：《续都门竹枝词》，载《清代北京竹枝词（十三种）》，北京古籍出版社1982年版，第64页。

⑱（清）杨静亭：《都门杂咏·南顶》，载《清代北京竹枝词（十三种）》，北京古籍出版社1982年版，第75页。

⑲《清实录·德宗实录》卷三二四，清内府钞本，第180页。

⑳（清）励宗万等：《京城古迹考·日下尊闻录》，北京古籍出版社1981年版，第6页。

㉑本段引自（明）刘侗、于奕正《帝京景物略》（卷三），上海古籍出版社2001年版，第193—194页。

㉒（清）震均：《天咫偶闻》卷十，北京古籍出版社1981年版，第207页。

㉓北京图书馆金石组编：《北京图书馆藏中国历代石刻拓本汇编》第60册，中州古籍出版社1989年版，第75页。

㉔（清）潘荣陛、富察敦崇等：《帝京岁时纪胜 燕京岁时记》，北京古籍出版社1981年版，第96页。

㉕《北京市志稿·礼俗志·庙集》卷六，第7册，北京燕山出版社1998年版，第383页。

㉖（明）刘若愚：《酌中志·内府衙门识掌》卷十六，北京古籍出版社1994年版，第111页。

㉗《北京寺庙历史资料》，中国档案出版社1997年版，第501页。

㉘《北京庙会史料通考》，北京燕山出版社2002年版，第106页。

㉙（清）励宗万等：《京城古迹考·日下尊闻录》，北京古籍出版社1981年版，第6页。

㉚（清）潘荣陛、富察敦崇等：《帝京岁时纪胜 燕京岁时记》，北京古籍出版社1981年版，第63页。

㉛（清）于敏中：《钦定日下旧闻考》卷九十，《四库全书·史部》，第7页。

㉜（清）潘荣陛、富察敦崇等：《帝京岁时纪胜 燕京岁时记》，北京古籍出版社1981年版，第25页。

㉝（清）得硕亭：《草珠一串·名胜》，载《清代北京竹枝词（十三种）》，北京古籍出版社1982年版，第56页。

㉞（清）黄钊：《帝京杂咏》，载雷梦水辑《北京风俗杂咏续篇》，北京古籍出版社1987年版，第23页。

㉟（清）杨静亭：《都门杂咏·中顶》，载《清代北京竹枝词（十三种）》，北京古籍出版社1982年版，第74页。

㊱(明)刘若愚:《酌中志・饮食好尚纪略》卷二十，北京古籍出版社1994年版，第180页。

㊲(明)陆启浤:《北京岁华记》第2册，北京古籍出版社1987年版，第586页。

㊳杨金凤编著:《京西民谣》，北京美术摄影出版社2016年版，第236页。

㊴(清)潘荣陛、富察敦崇等:《帝京岁时纪胜 燕京岁时记》，北京古籍出版社1981年版，第60页。

㊵(清)得硕亭:《草珠一串・游览》，载《清代北京竹枝词(十三种)》，北京古籍出版社1982年版，第57页。

㊶北京市文物研究所:《北京丫髻山碧霞元君祠遗址发掘简报》,《文物春秋》2009年第1期。

㊷怀柔县志编纂委员会:《怀柔县志》，北京出版社2000年版，第160页。

㊸北京市文物研究所:《北京丫髻山碧霞元君祠遗址发掘简报》,《文物春秋》2009年第1期。

㊹《灵应泰山娘娘宝卷》第二品(明刻本)，黄山书社2005年版。

㊺《丫髻山天仙庙碑记》，转引自徐天基《明清时期北京丫髻山的进香研究》,《北京社会科学》2014年第10期。

㊻《乾隆大清一统志》卷七，上海古籍出版社1987—1989年版。转引自郑永华《朝顶进香: 北京的道教民俗》，载《北京历史文化研究》，人民出版社2013年版，第323页。

㊼(清)俞蛟:《梦厂杂著・丫髻山神异记》，载《清代笔记小说》第18册，第305页。转引自郑永华《朝顶进香: 北京的道教民俗》，载《北京历史文化研究》，人民出版社2013年版，第322页。

㊽郑永华:《朝顶进香: 北京的道教民俗》，载《北京历史文化研究》，人民出版社2013年版，第323页。

㊾徐天基:《明清时期北京丫髻山的进香研究》,《北京社会科学》2014年第10期。

㊿转引自《"王二奶奶"考略》，http://blog.sina.com.cn/s/blog_c34352f80102wrxh.html。

(51)转引自《"王二奶奶"考略》，http://blog.sina.com.cn/s/blog_c34352f80102wrxh.html。

# 第四章 「金顶」妙峰山

# 第一节　妙峰山碧霞元君信仰的发展历史

　　清朝入关以后，为了巩固政权，维护社会稳定，满族统治者接受了汉族固有的文化传统，对于汉族原有的宗教文化信仰体系也予以认可和接纳。清代皇室不仅信奉其原有的萨满教，而且也信奉汉族的宗教，清代皇宫中不仅有大量的佛室、佛堂、佛像，而且佛典偈语的匾额楹联也到处都是，顺治帝笃信佛教，他"每于西苑，礼接高僧登座说法"，而民间也一直传说他因为董鄂妃之死而遁入空门。康熙帝和众多僧道交好，他鼓励社会拜佛祀神，因此在康熙王朝所建庙宇和僧尼人数都大增，据《清稗类钞》记载康熙丁未（1667）七月礼部奏折云："计算直隶各省巡抚造送册内，敕建大寺庙共六千七十三处，小寺庙共六千四百九处，私建大寺庙共八千四百五十八处，小寺庙共五万八千六百八十二处。僧共一十一万二百九十二名，道士共二万一千二百八十六名，尼姑共八千六百一十五名。以上通共寺庙七万九千六百二十二处，僧道尼姑共一十四万一百九十三名。"①而且这些"私建"的寺庙也没有因为其是"淫祀"而被取缔，反而得到了鼓励。有清一代，华北地区的民间宗教信仰活动主要是碧霞元君信仰，北京地区最著名的是"三山五顶"。清代中后期，京东的丫髻山碧霞元君信仰逐渐衰落，京西妙峰山碧霞元君信仰却达到顶峰，成为人们心目中的

"莲花金顶"圣山。据清代富察敦崇《燕京岁时记》说:妙峰山"每届四月,自初一开庙半月,香火极盛。凡开山以前有雨者谓之净山雨。庙在万山中,孤峰矗立,盘旋而上,势如绕螺。前可践后者之顶,后可见前者之足。自始迄终,继昼以夜,人无停趾,香无断烟,奇观哉!……进香之路日辟日多,曰南道者,三家店也。曰中道者,大觉寺也。曰北道者,北安合也。曰老北道者,石佛殿也。近日之最称繁盛者,莫如北安合。人烟辐辏,车马喧阗,夜间灯火之繁,灿如列宿,以各路之人计之,共约有数十万。以金钱计之,亦约有数十万。香火之盛,实可甲于天下矣"②。时人有竹枝词描写妙峰山进香:"奔驰无暇为家难,稍裕还思游乐间。春服乘时颇自在,进香都上妙峰山。"③

  妙峰山位于北京西北部门头沟区群山中,是北京西山分支仰山的主峰,属太行山余脉,层峦叠嶂,风景秀美,主峰海拔1291米,山形峭拔,以"古刹、奇松、怪石"而闻名京城。妙峰山最早叫大云山,金、元时期叫妙高峰,是金代金章宗在位期间著名的"仰山五峰八亭"之一。自元代起,北京民众逐渐接受了泰山玉女的信仰,开始筑庙供奉。明代时,北京城内已经形成了祭拜碧霞元君的"五顶",而且香火旺盛,而妙峰山在当时还名不见经传。撰写

图4-1-1:妙峰山

于明代后期的《帝京景物略》专门记述了京城内外的庙宇情况，并记载了京城内几座著名的碧霞元君庙如高粱桥、草桥、弘仁桥等地，京东、京西山上的庙宇也有详细记载，但唯独没有丫髻山、妙峰山的记载，也证明当时这些地方的庙宇在京城并不知名。

关于妙峰山娘娘庙的来历，一直有两种说法。一种说法认为是由后土娘娘庙改的，因北京西山的西侧就是山西地界，明时有山西移民到妙峰山附近开荒定居，由于山西人历来信奉后土娘娘，他们来此后就在妙峰山顶修建了后土娘娘庙，而此时北京城内碧霞元君信仰已经非常流行，一些"借佛游春"之人来此处游玩，误将后土娘娘庙当成碧霞元君娘娘庙进行拜祭，并出资修缮，假以时日，此处也就变成了碧霞元君庙；另一种说法认为此碧霞元君庙为明太监刘瑾所建，明代大太监刘瑾曾在距妙峰山南边不远的玉河庄修建花园别墅，因建在村南，故名"南庄"，此庙乃当时所建，但若为刘瑾所建，此庙当较为精致，不过参考妙峰山娘娘庙历史，该寺自始至终都较为粗陋，不似刘瑾所建。不管如何，直至清朝前期，妙峰山娘娘庙仍是名不见经传的山间小庙，也没有固定的庙会。

关于其庙会的最初产生，相传与附近的另一座佛教寺院有关。

图4-1-2：从妙峰山惠济祠后游廊远眺回香阁及玉皇顶

在距离妙峰山主峰东南方向五六里处有座仰山栖隐寺,辽金时曹洞宗著名禅师青州希辩禅师曾在此倡法,他首创在寺内开设药局,为附近百姓看病、舍药,深得百姓拥护。元明时期,仰山栖隐寺一直有名僧倡法,是京西名刹,这里的药局也一直持续,后来每年农历四月,这里会举办药王庙会,吸引了附近及城内大量香客前来拜祭。香客们逐渐了解到妙峰山莲花峰上还有一座"天仙"小庙,里面供奉着泰山娘娘,于是也顺便前来祭拜,后来就慢慢形成了正月十五当地村民在天仙庙内举办"平安会",四月初一至十八外来香客到庙中敬拜泰山娘娘的传统。据《北京名胜古迹辞典》记载:"妙峰山娘娘庙创建于明末,当时香火不旺,由道士们住持。康熙十二年(1673)称'北顶天仙庙',康熙二十八年(1689)后,佛教势力上升,改由僧人住持,香火逐渐兴盛。乾隆二十六年(1761)重建后改称灵感宫。……旧时,每逢庙会到妙峰山进香是京城四乡民众的第一等大事。"④这里的所谓"北顶",乃是相对于山下的涧沟村而言的,天仙庙所处的山峰在涧沟村的北边,因而称之为"北顶",当时的妙峰山天仙庙在北京城内名声并不盛,香火仅限于其周边信众,在京城诸多娘娘庙中排不上号,不能跻身于"五顶"。

图4-1-3:北京西山栖隐寺　胡翔摄

## 第四章 "金顶"妙峰山

据包世轩先生考证,当时,管理北顶天仙庙的僧人来自其西侧二里沟谷间的大云寺,他们与山下涧沟村关帝庙内的道士关系融洽,曾出资捐助道士们铸钟⑤。天仙庙作为道家庙宇而由僧人掌管,似乎是很奇怪的事情,这其实是明末以来"三教合一"思想的体现,"明代以降,儒、释、道三教更趋合流,佛、道二教也越来越表现出民间化、世俗化的特点。在民间有着广泛群众基础的新兴民间宗教则是杂糅了儒、释、道各家学说,并表现出自己的一些特点。广大的民间宗教由于采用了民间熟悉的语言和表达方式,比起正宗的儒、佛、道家的理论浅显易懂,更适合普通百姓的口味,所以能够大行于世"⑥。这种糅合了诸多信仰于一体的中国民间信仰体系其神祇系统表现出复杂性和交融性,往往是你中有我,我中有你,不可分割。对普通信众而言,神的属性并不重要,管你是佛家的、道家的、儒家的还是其他来源的,只要大家觉得灵验就行。而很多庙宇为了香火兴旺,往往会在极大程度上满足信众的需求,将各路神仙都请进来供奉,"糊涂的庙,糊涂的神儿,管庙的也是装糊涂的人儿"⑦。京西地区就连在中国佛教史上有"天下第一坛"之誉的佛教名刹戒台寺,在清末的时候也修建了五显财神殿、娘娘殿、老爷殿等非佛教神殿,可见三教融合影响之广泛。正因为如此,自康熙二十八年(1689)起,妙峰山灵感宫这座道家庙宇就一直归僧人掌管,僧众各界并未感到不适,相反其香火越来越旺。甚至,一些普通信众并不清楚碧霞元君是谁,他们只知道妙峰山顶供奉着老娘娘,至于老娘娘是谁并不重要,只要灵验就行。

据妙峰山《古城村秉心圣会碑》记载:"京西古城村秉心圣会创于明万历元年,后又产生高跷、石锁等十档档会。于万历四年(1576)始,每年阴历四月十三赴妙峰山朝顶进香,并沿途献档,鼎盛时会员达一百五十人。"⑧此碑为近年所立,若此说为真,则明万历年间就有香会去妙峰山进香了,而且人数还较多,说明当时妙峰山香火已经比较兴旺,这与前边的记载不符。因无其他

图4-1-4：天后圣母事迹图（局部） 清 无名氏绘 中国国家博物馆藏 采自《绘画卷（风俗画）/中国国家博物馆馆藏文物研究丛书》

证据佐证,笔者认为此说法并不可信。一般都把清康熙二十八年(1689)所立《妙峰山香会序碑》的时间看成是妙峰山香火开始旺盛的标志,此碑出土于1986年,碑文载:"己巳春三月,里人杨明等诚心卜吉共进楮币于妙峰山天仙圣母之前……"1689年为农历己巳年,故"己巳春"就是指当年春天三月份,北京城内平则门(阜成门前身)外宝塔寺发起了"北顶走香圣会",会首一位姓王,另一位是杨明,他们一起主持树立了此碑,会众有600人,这是一个规模比较大的香会。说明当时妙峰山庙会在京城内已经有了一定名声,去走香的人应该比较多了,且由佛教寺院发起走香会,这充分说明当时妙峰山天仙庙与京城内的佛教寺院关系密切。

其实,清代对于民间结社进行行香走会、送神游行等活动并不太支持,清初顺治帝就有过担忧:"京师辇毂重地,借口进香,张帜鸣锣,男女杂还,喧填衢巷,公然肆行无忌,若不立法严禁,必为治道大蠹。"⑨咸丰帝时,又有大臣奏折建议整治妙峰山庙会:"咸丰二年壬子正月辛巳,上谕内阁,御史伦惠奏京西妙峰山庙宇,每于夏秋二季烧香人众,有无赖之徒,装演杂剧,名曰走会,

图4-1-5:妙峰山功德榜

图4-1-6：从妙峰山顶遥望山下涧沟村

请饬严禁"等语。⑩但是，官方的禁封并未消减民间社会对碧霞元君信仰的热情，根据妙峰山现在所存碑刻显示，康乾之后，京城内来妙峰山进香的香会逐渐增多，且有皇室成员参加香会，刻于乾隆七年（1742）的《金顶妙峰山进香碑记》，其碑文撰写者是清宗室弘晃，香客们在西直门内发起了"二顶兴隆圣会"，会员有100多人，"二顶"中的另外一顶虽未指明是哪里，但是也足以证明当时的香客们并不单独去朝拜一顶，而是多顶兼顾。乾隆三十六年（1771），皇六子质庄亲王曾捐资重修天仙庙，并立碑纪念。但总体上说，此时期妙峰山庙会主要还是由民间香会团体和信众支持，皇室宗亲和高官显贵来进香的还不是很多，而捐资修殿的情况就更少，其地位和香火远比不上同时期的丫髻山庙会。

妙峰山娘娘庙在清末才引起清皇室的关注，据传妙峰山娘娘庙的题额"敕建惠济祠"是嘉庆皇帝所写。但据包世轩先生考证，此匾额与妙峰山娘娘庙并无关系，惠济祠石额是赐给永定河河神的：康熙十七年（1678）五月，康熙帝视察浑河（即永定河）时，敕命建造惠济祠，供奉永定河河神；康熙三十七年（1698），于卢沟桥北建惠济庙，这是第一座永定河河神庙宇，史称南惠济庙，而雍正年间石景山南庞村所建的惠济祠则称作北惠济庙。嘉庆帝时也曾在圆明园内绮春园西南部建惠济祠，该庙于1900年被八国联军焚毁。包世轩认为妙峰山娘娘庙内的惠济祠石额最初应为圆明园惠济祠旧物，这里被焚毁后，该石额流落至刻字坊，后被妙峰山娘娘庙购来是想改刻成娘娘庙石额的，但因时局动荡搁置未用，故一直和其他杂物一起堆放在娘娘殿后墙处。20世纪80年代娘娘庙重修时，负责修建的工作人员对惠济祠的历史并不熟悉，因见有"敕建"二字，以为就是皇帝赐给妙峰山的，故将其砌在山门殿殿额处，由此才造成了一系列误会⑪。以至于后来很多著作都将此额看成是嘉庆皇帝专为娘娘庙所写，就连妙峰山自己的介绍上也这么写，这是不准确的。1925年顾颉刚等五人上妙峰山考察时，娘娘庙并无"敕建惠济祠"的匾额，当时娘娘庙前悬挂的匾额是"普照五洲"。⑫

真正与妙峰山庙会有直接关系的皇家成员应该是慈禧太后，民间一直有传言慈禧太后曾两上妙峰山进香。其一是在清同治十二年（1873），当时同治皇帝出水痘，慈禧太后于农历四月八日佛诞节那天，亲自上妙峰山进香，为同治皇帝祈求平安。有一首"清宫竹枝词"记录此事："彩旗八宝焕珠光，浴佛新开内道场。昨夜慈宁亲诏

图4-1-7："敕建惠济祠"匾额

下,妙高峰里进头香。"⑬"慈宁"即"慈宁宫",是慈禧太后的寝宫,此处指代慈禧太后。自宋代以来,民间流行烧"头炉香",即信徒们在农历新年来临之际烧的第一次香或第一炉香,表示虔诚。从时间上说,除夕夜子时(即11点至凌晨1点)所烧的香,均可视为"头炉香"或"头香";从地点上说,烧头香并不限于在寺院,在家中所设的香案、佛龛前也可以烧"头炉香"祈福。但后来将"头(炉)香"讹传为开庙后的"头一炷香",因此各大寺庙"头香"往往成为众香客们争抢的对象,几百年来,抢"头香"也成了妙峰山庙会的一种风俗,每年开庙之前,众香客都提前上山守在灵感宫门前,等到早晨寺中僧人将门打开后,大家蜂拥而进,争抢第一炷香。而清末妙峰山成为皇家敬拜进香的地点后,这里的"头香"自然会留给宫中。据传,慈禧去妙峰山进香之前曾下旨:"先期预诏庙祝,必须宫中进香后,始行开庙,谓之头香。"此后,妙峰山庙会的"头香"都会留给宫中的娘娘们。但是由于妙峰山路途遥远且山道崎岖,长途跋涉不方便,所以并非每年都有皇宫中娘娘来进香,常常会拜托庙里的僧人来代烧。"据传所烧的香,是提前一天由太监从皇宫里送来的,并用黄绫子包裹着,装在一个明黄色的锦盒里,以示皇家的'专用品'。只有这'头炷香'烧过之后,才能开庙。在同治、光绪年间,朝顶进香的香客们总能在庙会的第

图4-1-8:妙峰山庙会期间,在塔院护槛上悬挂着祈福的红条幅

一天看见由御林军护卫的娘娘们坐着凉轿从妙峰山上下来,香客们跪在路边低头以待,皇家的进香队伍过去了才起身继续赶路进香。一直到进入了民国,这种情形才停止,人们又可以去抢烧头香了。"⑭而且,为了慈禧太后行香方便,太监安德海还提前将中北路进香道整饬修建平整,并因此得到了慈禧太后的嘉奖。慈禧太后第二次到妙峰山进香是在清光绪二十五年(1899)四月。妙峰山娘娘庙正殿前檐下挂的三块匾额"泰云垂荫""功侔富媪""慈光普照",据传均是慈禧太后所题。

## 第二节　妙峰山"金顶"的来历

妙峰山被称为"金顶",其实在它之前,丫髻山也被称为"金顶",传言丫髻山下丫髻村出土有"金顶丫髻山"的碑刻。有资料称:"北京的'金顶'有东西两处。东金顶为平谷刘家店丫髻山,西金顶为妙峰山碧霞祠,这两处的庙会都获得清朝皇族的支持,因而它们的信仰影响远超过城区和远郊的'五顶'。"⑮至于为何叫"金顶",说法也比较多。有人认为这与丫髻山、妙峰山得到了皇家的支持以及人们对碧霞元君信仰香火旺盛的看法有关。因为在中国民众的观念中,"金"既可来自皇家的册封,也有"金贵""宝贝""最好"等意义,清朝中前期,由于皇家多去拜祭丫髻山庙会,因此那里香火最旺盛,故称那里为"金顶";清后期以后,丫髻山庙会逐渐衰落,而妙峰山庙会则逐渐取代了丫髻山庙会成为京城乃至华北一带的第一香主,并得到了皇家的支持,因此妙峰山也在丫髻山之后获得了"金顶"的称号⑯。但是,这种说法并不准确,根据现有的资料,妙峰山被称为"金顶"并不是在清朝后期,至少在清中期乾隆初年就已经存在了。目前所知,妙峰山被称为"金顶"最早的记录是在清乾隆七年(1742)清宗室弘晃所撰写的《金顶妙峰山进香碑记》,碑额和碑文均称"金顶妙峰山",碑文言:"兹都城之西金顶妙峰山者,据西山之胜境,为畿辅之具瞻,上有天仙圣母之庙,至灵至圣,有求必应,无愿不从,显赫六宇,光被八方。"⑰乾隆十四年(1749)又有《保福寺村金顶妙峰山进香碑记》。此外乾隆十六年(1751)所立《南道孟尝岭金斗献花圣会碑》亦言:"兹因阜成门外四眼井王处年例诚起金斗献花圣会,前往金顶妙峰山□年诚献。"⑱由此可知,至迟在乾隆初年,"金顶妙峰山"的说法在民间就已经非常普遍了。而那时,京东丫髻山的香火正盛,名声远超妙峰山,同时期妙峰山的影响主要还在民间,从现存的碑刻可知,当时京城内及京西一带的民间香会团体到妙峰山进香也已成传统,说明当时妙峰山的香会也比较兴盛。因此,妙峰山是在丫髻山之后取得"金顶"称号的说法是站不住脚的。也有人认为,京西民间一直有"金顶妙峰山"为康熙帝或者乾隆帝敕封的说法⑲,但这也仅仅是民间传说,并不见于清宫档案,不足以信。而且,如果真有皇帝敕封这么重要的事情,妙峰山上肯定也会立碑纪念,但目前妙峰山上并没有关于康熙帝或者乾隆帝与这里关联的任何证明材料,故说其有皇家支持而有"金顶"之名是不足信的。

那么,妙峰山究竟为何成为"金顶"呢?据清末民国时期奉宽的《妙峰山琐记》云:"三叉涧之阳,有峰为娘娘顶,时人尊之曰莲花金顶妙峰山;有碧霞元君祠,曰灵感宫,本道流

图4-2-1:莲花金顶

第四章 "金顶"妙峰山

图4-2-2：妙峰山的大门

所居，今则沙门住持之。"⑳奉宽并未明确说明这里为何叫"金顶妙峰山"，但似乎是当时人们约定成俗的叫法；稍晚一些的金勋所著《妙峰山志》也称："正殿后巨石屏立，传为妙峰山之绝顶，俗呼'金顶'是也。西畔有松二棵，后奉白衣送子观音。"金勋同样称其"金顶"之名为俗称，未考证其来源。

更为普遍的观点则认为，妙峰山被称为"金顶"，是因为山上有块巨石，在阳光照耀下金光闪闪，因此而得名，如吕英凡在《北京金顶妙峰山香会简述》一文中称："妙峰山主峰近旁，有一组山石峭拔参天，远望有如莲花，其中矗立一块突起的巨大山岩，传说阳光照耀其间，自会反射出一种金黄的颜色，俗称'莲花金顶'。"㉑陈文良主编《北京传统文化便览》载："妙峰山又称金顶妙

107

峰山，位于门头沟区妙峰山乡涧沟村北，山上有巨石一块，在阳光照射下映出黄色光亮，山因此得名。"[22]常人春所著《老北京的风俗》亦有此说："妙峰山主峰近旁有一组山石，绝巘参天，远视如莲，中有一突起的巨石，经阳光一照，反射出金黄色，故名莲花金顶。"[23]笔者认为此种说法比较符合"金顶"的原意，状如莲花的巨石在阳光照耀下发出金色光芒虽是自然现象，但在人们眼中却是祥瑞的征兆，于是在此处修建庙宇，供奉神像，同时人们还会在有意无意中将二者联系起来，认为金色光芒是神仙显灵，而莲花在佛教之中有特殊的含义，以"莲花金顶"称之，更凸显其神圣性。而为给此说法找一更权威、更合理的根源，乃附会为皇帝敕封，这是很多民间传说和民间信仰体系惯用的做法。

## 第三节　妙峰山庙会兴盛的缘起

至少在清朝前期，妙峰山娘娘庙还只是一座不起眼的民间小庙，其庙宇面积小，殿堂不多，神像粗陋[24]，在其周围有多个经皇帝敕封、殿宇辉煌且名声显赫的大庙，如香山碧云寺、大觉寺、仰山栖隐寺等，曾经这些寺里的香火都很旺盛，但最终它们都败给了这个以碧霞元君信仰为主，兼有其他民间杂神的"简陋小庙"，实在让人有些匪夷所思。

京西门头沟一带的民俗信仰历来以崇信娘娘为中心，尤以九天玄女娘娘和碧霞元君娘娘为主，据《门头沟区文物志》载，这里迄今遗存23座娘娘庙。门头沟地区生产煤炭，这里的煤窑主和窑工都把九天玄女当成其行业保护神，倍加崇信，九龙山娘娘庙、炉灰坡九天庙、珠窝村九天娘娘庙等供奉的都是九天玄女，尤以九龙山娘娘庙最为知名，每年农历四月和九月这里都要举办送、迎

第四章 "金顶"妙峰山

图4-3-1：妙峰山进香图轴　清　无名氏绘　中国国家博物馆藏

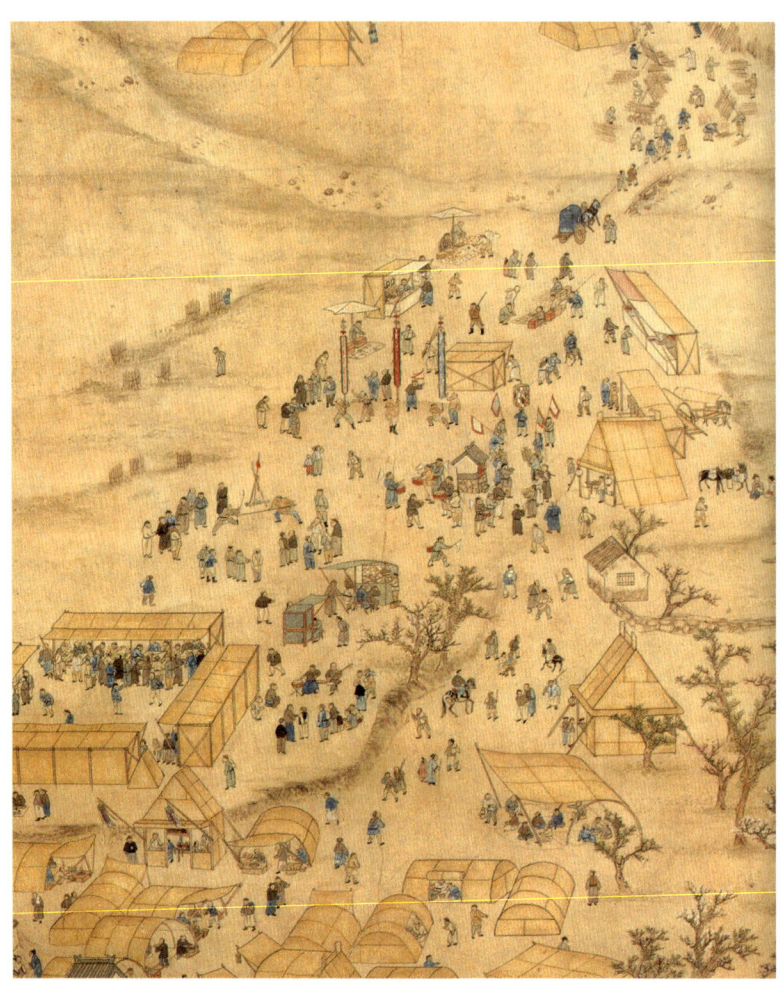

图4-3-2：妙峰山进香图轴（局部） 清 无名氏绘 中国国家博物馆藏

娘娘驾的大型庙会，一般由煤窑主和窑工主持操办，在京西一带尤为知名。供奉碧霞元君的庙宇则有妙峰山碧霞元君祠、百花山娘娘庙、焦家岭天仙圣母庙、东斋堂天仙娘娘庙、西斋堂天仙娘娘庙、阳坡园娘娘庙、太子墓娘娘殿、灵水天仙圣母庙等，清代以后，最著名的就是妙峰山娘娘庙了[25]。

妙峰山娘娘庙在清康熙年间开始由僧人接管，最初的僧人来自附近大云寺，大云寺在金代称为德云寺，辽代称大云山院，后称大云寺，清末倒塌。据包世轩先生考证，大云寺的僧人应属潭柘寺、广济寺一系。因此，妙峰山其实也是隶属于广济寺门下，是其下院。广济寺初建于金代，初名西刘村寺，元代改称报恩洪济寺，后毁于战乱。明朝天顺年间由山西普慧和尚发心在旧址重建，明朝成化二年（1466）宪宗皇帝敕额"弘慈广济寺"。清代曾多次修缮和扩建，但基本保持着明朝重修的布局。20世纪初，广济寺已年久失修，殿宇荒圮，法器残缺，且负债累累，早已失去昔日皇家寺院的辉煌。1916年现明法师任住持后，整饬寺规，恢复祖制，广结善缘，在其辛苦经营下，广济寺得以中兴。1931年，广济寺不慎失火，主要殿堂尽遭焚烧。1935年，住持现明法师在吴佩孚等人的资助下，按明朝格局进行重修，建筑规模比以前更加壮观。广济寺原为临济宗寺庙，清初释恒明将其改为律宗道场，在此设立戒坛，开坛传戒。顺治五年（1648），延请玉光律师主持传戒，历时13年。清代以来，妙峰山一直由广济寺派僧人管理，直至人民公社时期。

清代广济寺颇受皇帝重视，一时风光无限，康熙年间，京西古刹潭柘寺、戒台寺住持均来自广济寺，为皇帝钦命。据包世轩先生言，自清朝至民国，广济寺、潭柘寺内皆设有妙峰山办事处，民国时期妙峰山的住持如启、宗镜等均来自广济寺[26]。受惠于广济寺极盛的宗教号召力和皇家寺院背景，妙峰山庙会也在广济寺的支持下逐渐兴盛，香火旺盛达200余年。妙峰山碑林中有多块碑的碑文与城里的寺庙有关，一些香会就是在城内寺庙的支持下成立的，如成立于康熙二十八年（1689）的北顶走香圣会是在阜成门外的宝塔寺成立的，乾隆二年（1737）的保福寺引善圣会则与保福寺关系密切，道光十六年（1836）重立的《海淀、新庄、保福寺三村诚起二顶走香引善老会碑》及咸丰七年（1857）所立的《海淀、新庄、保福寺三村年例诚起二顶进香碑》，其香会成员中保福寺住持寿天的名字赫然在列。由此可见，由于受到皇家大庙广济寺的护持，妙峰山庙会在城内佛教寺庙中也是赫赫有名的，甚至有僧人组织并参加香会前来进香。由佛教寺院掌管并支持的多重宗教信仰，成为妙峰山娘娘庙的独有特点，当然在三教融合的观念下，这种庙宇及其管理方式在中国民间并不罕见，教界及信众对此也习以为常，并没有觉得有何不妥。

## 第四节　妙峰山庙会的当下状况

　　20世纪30年代后期，由于战争等原因，妙峰山庙会渐次衰落乃至停办。1952年以后直至"文化大革命"时期，因为要"破除迷信"，妙峰山的庙宇神殿逐渐遭到破坏直至最后坍塌无存。这一影响华北数省的著名庙会最终从民众的信仰生活中彻底消失了。此后一直到20世纪80年代中后期，由于发展旅游的需要，妙峰山的庙宇才逐渐被修复。1990年，京城著名的花会会首隋少甫先生带领城内的多档花会上山进香㉗，但此举并未得到妙峰山镇政府的认可，甚至被阻止上山，因要固守新成立花会必须连续三年到妙峰山进香的传统，此后两年他们只能偷偷上山，且未做任何宣传，但他们

图4-4-1：妙峰山庙会图片展示墙

图4-4-2：妙峰山进香图轴（局部） 清 无名氏绘 中国国家博物馆藏

的行动得到了妙峰山下涧沟村的暗中支持，妙峰山景区管委会的前主任王德凤在接受采访时承认妙峰山庙会应该从1990年就开始了，当年他作为山下涧沟村的村干部全程参与了此事，在他们于2007年提交的国家级非物质文化遗产申报书上，写的也是自"1990年开始恢复庙会"[28]。

为了发展民俗旅游，自1993年起，门头沟区政府开始积极地筹办妙峰山庙会，官方的宣传中，都把这一年当成新时期妙峰山庙会的开端。现在的妙峰山庙会虽然也号称"原汁原味的传统庙会"，但这只是旅游宣传的噱头，20世纪90年代以后重新恢复的妙峰山庙会与20世纪上半叶的妙峰山庙会已有相当大的不同。

首先，"古香道"的荒芜废弃使妙峰山庙会变得不完整。传统妙峰山庙会是"行香走会"，其活动区域分娘娘庙和香道茶棚两部分，进香途中的各种习俗、规矩以及诸多茶棚提供的服务乃是传统妙峰山庙会最引人注目的特点。但时至今日，妙峰山庙会的传统进香古香道已多遭废弃。新时期庙会重开之后，为了发展旅游业，政府已将盘山公路修至山顶庙门口，大大方便了进香人群，人们不必再像过去那样斩荆劈藜、翻山越岭，与香道相关的很多香会也随之不复存在，如修道老会、道桥老会、绳络老会、路灯老会、缝绽老会等。同样，很多发生在进香途中的行香规矩及仪式活动也都随之消失。因此，目前妙峰山庙会的重心只在山顶娘娘庙里，从地域上来说，当前妙峰山庙会的范围已经较之以前大大缩小了，与之相关的很多规则及仪式活动也都不复存在，可以说现今的妙峰山庙会无论从规模还是形式上都与原来有着较大差别。

其次，进香花会的性质有很大改变。传统的妙峰山庙会上，为庙会提供服务、贡财献物的文会占据主导地位，可是由于社会的发展，很多传统的文会已经失去了原有的价值和意义，所以自然而然就消失了。根据妙峰山景区提供的自1990年庙会重开以来到会的各花会名单看，绝大多数是武会，文会只有区区数档。而且，传统妙峰山庙会上，"虽然民间艺术形式多种多样，但进入北京香

图4-4-3：丰台区西铁营村德清鲜花圣会的会首陈德清老人已经85岁高龄，她在女儿、女婿的协助下于妙峰山庙会期间在山顶为娘娘守驾（2012年）

图4-4-4：92岁高龄的陈德清老人接受别的会首打知行礼，但她似乎已经认不得人了，无法回礼（2019年）

图4-4-5：古香道上担着笼箱的香客铜像

会组织中的只有十三档[29]，那些与碧霞元君信仰扯不上关系的会档，是不允许前往以妙峰山为主的各处庙会表演献艺的。在民间香会看来，每个武会都是大顶（妙峰山）庙里的一个摆设，都在朝顶进香活动中发挥着不可替代的重要作用，是碧霞元君神圣信仰的一个有机组成部分"[30]。20世纪50年代初期，由于受到新观念的影响，觉得传统的因为行香走会而得名的"香会"有封建迷信之嫌，于是众人商议将"香会"改名为"花会"，"含有祝愿民间艺术百花齐放，丰富多彩的意思。……从香会到花会，改变的不只是名称。作为基础的民间信仰观念不再存在。过去，行香走会的意义在于行香，香会组织是娘娘庙里的一个'摆设'，其活动是为老娘娘当差；民间花会则摆脱了宗教的意义，是民众自娱自乐的艺术组织，还原了民间艺术的本来面目"[31]。而且，现在的民间花会早就不遵守传统妙峰山进香香会十六档的规矩了，各种表演团体均可上山表演，尤以秧歌队居多。1997年"庙会期间共有八十档花会上山，其中秧歌队就占了三十档。这些花会没有前引、笼幌之类的与碧霞元君信仰有关的传统家什，上山表演纯粹是出于娱乐游玩的目的。采访他们对碧霞元君信仰的认识、对传统花会的认识，基本上一无所知，只是知道这个时候其他秧歌队上山表演，自己也来'玩玩'。他们上妙峰山只是随兴表演，没有公共的祭拜碧霞元君的行动。茶棚和一些自诩为按传统方式活动的花会对他们不理不睬，因为他们根本就不懂得换知帖、拜棚等规矩"㉜。但是，妙峰山景区管委会的花会名单上，都将这些列入其中，并没有区别对待，可见他们对于这些是比较宽容的，毕竟来的都是客，作为庙会的管理部门，他们不会为了恪守原有的老传统而拒绝新会。但是，这些不太懂传统香会规矩的各类表演组织也已经引起了妙峰山管理方的注意，毕竟从恢复传统和妙峰山庙会长远发展看，这些缺乏碧霞元君信仰、不太规范的表演团体会把妙峰山庙会引向与传统大相径庭的另外一种发展路径，这是妙峰山景区和门头沟政府乃至北京市政府所不愿意看到的，也是民俗学家和非物质文化遗产保护专家所不愿意看到的。不管怎么样，作为一项国家级非物质文化遗产项目，他们还是想尽可能地保留较多的传统特色，尤其是在庙会最具特色的民间花会方面。据妙峰山景区的王德凤主任介绍，目前各个花会组织上山都还遵循着"车辇自备，茶水不扰"的老传统，所有费用全部自理，除了一些纯粹为了娱乐游玩而非为娘娘"守驾行香"的社区秧歌队、舞狮队不懂规矩之外，传统花会上山还都基本上遵循着"打知、祭坛、拜祖师、起驾、参驾、献艺、祭塔、拜碑、回香、谢山"这样的进香程序，而那些秧歌队本身也没有认为自己就是花会组织，这从他们的名称就可以看出来，凡是认为自己是花会组织的就称为"秧歌会"，而且前面往往会有"同心助善""老年同乐""太平同乐"等传统花会常用的名称，而"秧歌队"则通常只是"某某村""某某社区"秧歌队，说明二者还是有区别的，后者并未把自己当作花会，因此也不必恪守花会进香的规矩。虽然他们都是到庙前为民众表演，但其实质是不同的，花会组织是带有宗教信仰性质的，是为"神"服务的，而一般的演出队则完全是世俗的，几乎没有信仰的成分，纯粹是

第四章 "金顶"妙峰山

图4-4-6：杠箱会的娃娃们一招一式都很卖力

为了娱乐。

最后，政府的参与改变了妙峰山庙会的民间自治模式。目前的妙峰山庙会与传统庙会一个很大的不同就在于庙会承办的主体发生了改变。传统的妙峰山庙会从行香走会到庙宇管理等完全是民间自筹自办、自管自治，各级政府一般都不予干涉。数量众多的民间香会为庙会及香客行香提供了各种便利条件，保证朝顶进香活动顺利进行。自皇亲国戚到黎民百姓，来妙峰山进香纯属个人信仰行为，基本上与国家政权无关，妙峰山并不属于"国祭"的范畴。但是，现在的庙会一般都由当地政府牵头主办，或者是政府委派给相关的旅游公司承办，多数情况下是借着庙会的名义发展旅游或者商贸。政府主导下的庙会，因为有多个政府部门参与管理，所以更加规范和安全。首先，在庙会秩序方面，警察和为数众多的安保人员时时巡逻，使坑蒙拐骗、强买强卖、偷窃抢夺等犯罪行为大为减少，维护民众的人身财产安全；其次，政府的层层审查也剔除了传统庙会中一些粗俗鄙陋的表演活动；再次，如遇火灾、人员踩踏等突发事故，消防、安保人员可以及时赶到，最大限度减少伤亡和损失；最后，因为有政府公共资金的支持，还可以较好地维护道路交通、庙宇及其附属设施等庙会举办的场所及建筑，为赶庙会的群众提供种种便利。可以说，由政府作为坚强后盾，各地所举办的庙会一般都会井然有序。目前，妙峰山庙会的主办方一般都是门头沟区政府，实际上具体实施者都是妙峰山镇政府和妙峰山景区管委会，妙峰山镇政府可以说是庙会的最直接管理方，每年的庙会都是镇政府的一项重要事务，活动策划、部门协调等都须镇政府出面，花会的联络，到会以后对花会的安排、指导等都由妙峰山景区管委会负责。每年庙会举办前一个月，妙峰山镇政府和景区管委会都要召开一次花会联谊会，召集各个区县花会的会头前来开一个座谈会，通报本年度庙会的具体事项，如会规、各会之间的距离、安全问题、上山顺序、时间安排等。会议经费由妙峰山景区出。此外，因为庙会期间香客众多，人员

图4-4-7：2019年5月7日,"三家店传统村落文化发展协会"带着几个表演队前来妙峰山进香,不仅起名完全与传统香会不同,而且成员中多数是女将

复杂,所以必须做好各种安保措施,为此乡政府还要召开一次各部门的协调会,包括公安、交通、城管、工商、林业、消防等各局口与庙会有关系的部门都要参会,协商安全、交通、执法、环保、治安、防火等各项事宜,一般先开联谊会,后开协调会,让这些部门协助景区做好本年度的庙会工作。可以说,在目前的社会状况下,如果没有这么多国家机关和政府服务部门共同协作,要举办这么大的活动几乎是不可能的。但是,"传统中国以家族为本位,国家缺少社会保护、社会保障、社会救济等手段,社会控制能力也非常软弱,广大民众无法从国家那里得到这些社会生活重要且必不可少的服务"[33]。因而,传统庙会只有靠民间自身的力量来协调这些事情,所以各民间花会的义务奉献对庙会的正常举办起到了至关重要的作用。现代化国家管理中,这些保障问题一般都由国家各部门来完成,所以民间力量在庙会的作用大大减

小了，同时国家政权对庙会的控制却扩大了，庙会成了国家意志，而民众自己的声音却小多了。对此，不少学者也有担忧，如吴效群曾经这样描述1997年门头沟庙会情况：

> 1997年是"中国旅游年"，市旅游局将妙峰山庙会作为北京'97中国旅游年的重点项目，他们和门头沟区政府共同设计了农历四月初一到四月十八的"百档花会上妙峰，百万游人朝金顶，百样山货任挑选，百尺竿头有新景"庙会活动主题。主管的副区长表示，旅游业已成为区里的龙头产业。一定要打好旅游这张牌，为区经济发展做贡献。各职能部门都表了态，表示一定做好庙会的服务工作，大家并对一些具体工作进行了商讨。
>
> ……
>
> 类似妙峰山庙会这样的民间文化活动，其特色即在于民众自发、自主、自由的活动，现在政府出面按照自己的理解和利益操办，已经使它们失却了民间文化的本来含义。更恰当地说，现在这些由政府支持或者由政府直接操办的"传统民间活动"更应该视为国家意志的体现。[34]

[注释]

① (清)徐珂:《清稗类抄·宗教类》第四册,中华书局1984年版,第1949页。

② (清)潘荣陛、富察敦崇等:《帝京岁时纪胜 燕京岁时记》,北京古籍出版社1981年版,第62—63页。

③ (清)杨静亭:《都门杂咏·进香》,载《清代北京竹枝词(十三种)》,北京古籍出版社1982年版,第77页。

④ 北京市文物事业管理局编:《北京名胜古迹辞典》,北京燕山出版社1989年版,第418页。

⑤ 包世轩编著:《妙峰山庙会》(上),北京美术摄影出版社2014年版,第4—5页。

⑥ 吴效群:《妙峰山:北京民间社会的历史变迁》,人民出版社2006年版,第29页。

⑦ 包世轩编著:《妙峰山庙会》(上),北京美术摄影出版社2014年版,第6页。

⑧ 包世轩编著:《妙峰山庙会》(下),北京美术摄影出版社2014年版,第430页。

⑨《清实录·世祖实录》第104卷,中华书局1985年版,第8—9页。

⑩ 王利器辑录:《元明清三代禁毁小说戏曲史料》,上海古籍出版社1981年版,第78页。

⑪ 包世轩编著:《妙峰山庙会》(下),北京美术摄影出版社2014年版,第336—337页。

⑫ 顾颉刚编著:《妙峰山》,上海科学技术文献出版社2014年版,第173页。

⑬ 蓝龙:《慈禧太后与妙峰山》,《京西时报》2015年6月24日。

⑭《慈禧曾"垄断"妙峰山"头香" 佛家不认"头炷香"》,《北京晚报》2015年2月16日。

⑮ 转引自吴效群《妙峰山:北京民间社会的历史变迁》,人民出版社2006年版,第45页。

⑯ 参考吴效群《妙峰山:北京民间社会的历史变迁》,人民出版社2006年版,第45—46页。

⑰ 包世轩编著:《妙峰山庙会》(下),北京美术摄影出版社2014年版,第382页。

⑱ 包世轩编著:《妙峰山庙会》(下),北京美术摄影出版社2014年版,第383页。

⑲ 郑永华:《北京妙峰山"金顶"称号始于何时》,《北京社会

科学》2010年第6期。

⑳ 奉宽：《妙峰山琐记》，国立中山大学民俗学会1929年版，第81页。

㉑ 吕英凡：《北京金顶妙峰山香会简述》，载《北京历史与现实研究学术研讨会论文集》，北京燕山出版社1989年版，第355页。

㉒ 陈文良主编：《被禁传统文化便览》，北京燕山出版社1992年版，第613页。

㉓ 常人春：《老北京的风俗》，北京燕山出版社1996年版，第63页。

㉔ 其实，妙峰山的庙宇一直不甚宏伟精致，1925年随顾颉刚一起进行考察的庄严在《妙峰山进香日记》中也提到妙峰山"庙不甚大，建筑亦粗俗"。参考顾颉刚编著《妙峰山》，上海科学技术文献出版社2014年版，第147页。

㉕ 参考《京西的"娘娘"崇拜习俗》，载《掘翁的博客》，http://blog.sina.com.cn/s/blog_6459f3a00100h5nl.html。

㉖ 包世轩编著：《妙峰山庙会》（上），北京美术摄影出版社2014年版，第23页。

㉗ 妙峰山景区内《妙峰山庙会今昔图片展》有当年隋少甫带领花会上山的照片，下面有注解："1990年春，崇文区民间花会联谊会秘书长隋少甫老先生自带饭菜到妙峰山联系重整花会事宜，当年5月1日由隋少甫老先生率领九档花会（按）明清时期会规朝顶进香，使中断40年的花会重新兴起。"

㉘ 国家级非物质文化遗产代表作申报书《妙峰山庙会项目简介》，藏于中国艺术研究院图书馆。

㉙ 后来又增加至16档。

㉚ 吴效群：《走进象征的紫禁城：北京妙峰山民间文化考察》，广西人民出版社2007年版，第120页。

㉛ 吴效群：《走进象征的紫禁城：北京妙峰山民间文化考察》，广西人民出版社2007年版，第125—126页。

㉜ 吴效群：《走进象征的紫禁城：北京妙峰山民间文化考察》，广西人民出版社2007年版，第93页。

㉝ 吴效群：《走进象征的紫禁城：北京妙峰山民间文化考察》，广西人民出版社2007年版，第118页。

㉞ 吴效群：《走进象征的紫禁城：北京妙峰山民间文化考察》，广西人民出版社2007年版，第65页。

# 第五章 妙峰山殿宇的空间布局

复建后妙峰山山顶主要有3座庙宇群：灵感宫、回香阁、玉皇顶，14座殿宇分别供奉着释、道、儒、民间等各路神灵。景区为了吸引更多游客，对殿宇布局和神像安置做了多次改变，最近一次是在2015年对回香阁财神庙的改造。

## 第一节　妙峰山的庙宇布置与众神安置

### 一、惠济祠庙宇群

妙峰山景区山门位于109国道与南北向担（担礼村）涧（涧沟村）公路交会处，为三门四柱七楼仿古牌楼，上有爱新觉罗·溥任题写的"金顶妙峰山"额联，此处距离妙峰山顶娘娘庙还有20余千米。自山门牌楼盘山而上，可以到达妙峰山娘娘庙下面的涧沟村，此处是距离娘娘庙最近的村子，村后山顶上就是娘娘庙，但实际路途并不近，沿村西古道徒步上山，半个小时左右能够到达，若沿村东大道开车上山，需要20分钟左右。涧沟村建于辽代，因村址位于妙峰山下东沟、北沟、西沟三条沟的交会处，故原村名为"三叉涧"，1943年改名涧沟村，沿用至今。妙峰山风景名胜区位于涧沟村域内。抗战时期，涧沟村位于晋察冀根据地的前哨，是敌我交锋拉锯之处，战略位置非常重要。1941年初，中共晋察冀中央局在妙峰山下涧沟村设立了平西情报交通联络站，并设立电台，负责传递情报和护送往来人员。情报站为抗日战争和解放战争的胜利做出了突出贡献。2009年4月，涧沟村建立了平西情报交通联络站纪念馆。

据《燕京岁时记》载，清代时，妙峰山庙宇的布局是这样的："庙南向，为山门，为正殿，为后殿。后殿之前有石凸起，似是妙峰之巅石。有古柏三四株，亦似百年之物。庙东有喜神殿、观音殿、伏魔殿，庙北有回香亭。庙无碑碣，其源无可考。然自雍乾以来即有之，惜无记之者耳。"① 目前，妙峰山顶这3座庙宇群依山势而建，参差错落，殿中供奉着道、儒、佛、俗各路神仙。其中最为重要的是惠济祠，是按照道教宫殿建式而建的，沿中轴线依次为塔院、山门殿、灵感宫殿，灵感宫殿院内又有左右配殿、左右耳殿及配殿耳殿等大小不等的多座宫殿。

塔院位于景区最南端，东、南、西三面均为悬崖绝壁，围有仿汉白玉护栏，北面沿台阶而上是惠济祠。塔院东南角建有一座藏式实心白塔，白塔建于民国廿三年（1934），是用白色大理石雕砌

图5-1-1：妙峰山牌楼

图5-1-2：涧沟村到处是农家乐　　图5-1-3：位于涧沟村内的平西情报联络站纪念馆

而成，由城内广济寺派来的住持宗镜法师负责修建，塔修到一半的时候，宗镜法师特请来自己的师父——广济寺的方丈现明法师主持开光典礼。此塔的修建，标志着妙峰山正式被列入北京佛教组织机构。[②] 塔高6.9米，塔身为覆钵形。塔的底座有两层，下层为方形石砌基座，基座上刻有海水、江崖图案，基座之上四面各有一组二龙戏珠图案，并有16尊金甲力士和仙人，奋力承托起宝塔，须弥座上下沿均有浮雕莲瓣，须弥座上部有五层石阶，依次收分。莲座周围刻有云纹、卷草、带纹、花朵等图案。塔身四面各雕有一座焰光门，门内各雕有一尊菩萨像，手持法器，结跏趺坐于莲台之上，法相庄严。塔刹为细瓶颈形，上有13道相箍，象征"十三重天"，最上面有铜质华盖，饰有透雕流苏、华幔和铃铎。"文化大革命"期间白塔被局部损坏。1986年重修娘娘庙时，对破损的部分进行了修补，基本恢复了原貌。

塔院西北部，即惠济祠山门外台阶下西侧，建有碑林，集中了不同时期各民间香会所立的香会碑，反映了自明末以来京畿人民对妙峰山娘娘的崇拜以及妙峰山娘娘庙的显赫名声，现用铁质护栏封闭。庙会期间，在塔院三面围栏上围有长长的红色横幅，上面写着白色祈福标语，香客可以在横幅空白处题字祈福留念，往往在庙会结束时，横幅上会布满大大小小各种留念字迹。惠济祠台阶下的东侧，则有一老者，看守一个打金钱眼的摊位，10元可换20枚铜币，投掷20次，来玩的主要是年轻人和儿童。打金钱眼游戏是妙峰山传统的娱乐项目。

在惠济祠山门东侧，立有一根高大的钢制旗杆，身涂红漆，高约21米，上盘一条紫铜质的飞龙，十分壮观。据说，"大跃进"时期，娘娘庙原来的大钟被拿去炼钢，庙前木制旗杆则被锯断当柴烧了。这样一来，旗杆

图5-1-4：妙峰山上的藏式白塔

图5-1-5：妙峰山上的进香碑

第五章 妙峰山殿宇的空间布局

图5-1-6：人们排队打金钱眼　　图5-1-7：大旗杆

上面原来为香客指路的油灯也就没有了。如今娘娘庙前的旗杆是仿照之前的旗杆而设立的，杆顶装置有路灯，庙会期间，也可以为早来晚归的香客指路。但是盘龙旗杆也遭到了一些讲究规矩的老人的异议，他们认为旗杆上装置盘龙以及灵感宫用黄琉璃瓦都不合规矩，因为妙峰山地处京畿，大顶之上不应该有盘龙柱，庙宇也不应该用黄色的琉璃瓦，这些过去只有皇家才可以使用，因此过去来妙峰山进香的香会中只有舞狮的，而没有舞龙的。在古代中国，龙是皇帝的象征，妙峰山位于京城天子脚下，舞龙代表着对皇帝的不敬，所以以前在整个北京乃至华北都只有舞狮而没有舞龙。

惠济祠建筑群位于妙峰山顶的南端，是妙峰山顶最主要的宫殿群，是供奉碧霞元君的主祠。现在的建筑是1986年开始复建的，山门上有相传是嘉庆皇帝所写的匾额"敕建惠济祠"，但学者考证这不是妙峰山固有的匾额，置于此处乃属于误放，故惠济祠也不是娘娘庙原有的名称。这里供奉的神仙包括佛、儒、道、俗等各

129

图5-1-8：妙峰山惠济祠山门殿内供奉青龙、白虎两位护法神，显示这里是道家寺院

家各派。山门殿内供奉着青龙、白虎二位道教护法神，青龙被封为孟章神君，白虎被封为监兵神君。他们的职能是守卫道观山门，类似于佛教寺院山门中的哼哈二将。

山门殿左右各有一旁门，按照规矩，无论是游人香客还是走会的人，均应从东侧门进，从西侧门出。正殿灵感宫供奉的是碧霞元君等五位道教女神，据其殿外简介言："灵感宫殿名为乾隆皇帝所赐，供奉道教五位元君：天仙鸿德圣母碧霞元君，眼光惠照圣母明目元君，送子赐庆圣母保产元君，瘢疹立毓圣母慈幼元君，送子育德圣母广嗣元君。"碧霞元君黄袍金身，位居正殿中央，左侧为瘢疹娘娘、子孙娘娘，右侧为眼光娘娘、送生娘娘。神像后面横梁上自左至右依次有慈禧太后所赐匾额"功侔富媪""慈光普照""泰云垂荫"。门柱楹联："云行雨施不崇朝而遍天下，理大物博祖阳气之发东方。"相传，同治皇帝幼年时曾得痘疹，虽经宫中御医诊治，然却不愈，慈禧太后亲自到妙峰山进香"祈痘"，此后不久同治帝痘疹果然得以康复，慈禧太后大为高兴，认为是妙峰山娘娘显灵，为表示感谢，她特意赐予了这三块匾额。但言灵感宫殿名为乾隆皇帝所赐则应为附会之言，史载未发现乾隆皇帝对妙峰山娘娘庙有何赏赐。子孙娘娘像前的供桌旁边堆有诸多形态各异的小娃娃，为的是给那些求子的人"拴娃娃"带回家去。眼光娘娘是专职负责医治民众眼疾的，她手托着一只大眼，象征明目去眼疾。送生娘娘则是掌管生育的，保佑产妇生育安全。癍疹娘娘一般手持仙草，主要是保佑出天花的儿童安全康复的。碧霞元君原为保护妇幼平安的女神，古时妇女们最担心的就是不育、难

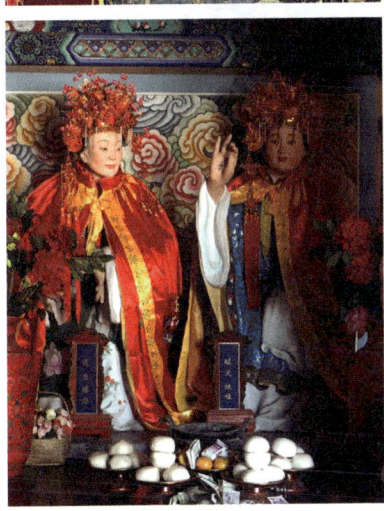

图5-1-9：妙峰山碧霞元君像（上左）

图5-1-10：妙峰山灵感宫内癍疹娘娘与子孙娘娘（上右）

图5-1-11：妙峰山灵感宫内送生娘娘与眼光娘娘（下左）

图5-1-12：灵感宫（下右）

产，产后又担心婴儿出天花、闹眼疾、夭折或落下残疾，所以就赋予了碧霞元君送子、护生、保护婴童平安等职能，起初癍疹娘娘、子孙娘娘、眼光娘娘、送生娘娘都是碧霞元君的化身，并没有单独神像供奉，后来逐渐演化为碧霞元君庙旁祀，成为碧霞元君御前女仙，有的地方也会单独设庙供奉。作为妙峰山顶的最主要殿宇，这里也是香客们进香最旺盛的地方，每逢庙会开庙之时，众多香客提前来到庙门口，等着抢烧头炷香。

惠济祠东配殿是观音殿，供奉杨柳观音。她"以眼观众生求助

图5-1-13：观音殿（上左）

图5-1-14：地藏殿（上右）

图5-1-15：月老殿（下左）

图5-1-16：三教堂（下右）

图5-1-17：文昌殿

图5-1-18：药王殿

之音，为世人消除病灾，普度众生"。门柱楹联题："金顶现金身莲花座上熏风暖，妙峰瞻妙相杨柳枝头甘露香。"东耳房是地藏殿，供奉地藏菩萨，其门柱楹联题："地属名区赖佛威灵留净土，藏兹宝库救民饥苦上春台。"东配殿北耳房是月老殿，供奉月下老人，上悬"有求必应"的横幅。其殿前的楹联上书："愿天下有情人都成了眷属，是今生大快事莫错过姻缘。"在其门外侧的墙壁上，还有游客张贴的求婚小纸条，并留有个人电话。东配殿南耳房为三教堂，供奉的是释、道、儒三教的创始人释迦牟尼、老子和孔子，这也符合了妙峰山三教合一的特点。

惠济祠的西配殿原为财神殿，2015年回香阁改造时，将此处财神殿移至回香阁，而将文昌殿移至此处，文昌殿供奉文昌帝君神像。楹联为："文化繁荣星辉斗耀，昌时际会秀毓灵钟。"西耳房是药王殿，供奉名医扁鹊。楹联为："药有神功何若养生祛病，医无止境必须酌古参今。"

西配殿北耳房是王三奶奶殿，供奉民间俗神王三奶奶，其神像为北方民间老妪形象，梳髻，小脚，手持烟袋，身披斗篷，旁边立有侍者牵着她的坐骑黑毛驴。楹联上题："居人世广结善缘同归般若，列仙班普济苦难共证菩提。"1925年，顾颉刚《游妙峰山杂记》所记王三奶奶形象："青布的衫裤，喜鹊巢的发髻，完全是一个老妈子的形状。"③到了1929年，周振鹤《王三奶奶》一文中，王三奶奶已变为"菩萨"像："王三奶奶的装束，已不像《妙峰山》里说的'老妈子'模样，一变而为菩萨了：头上戴着凤冠，身上披着黄色华丝葛大衫。她左边是手里拿着一支长杆烟筒的侍者，她右边是手牵一匹黑毛驴的驴夫。镜框里嵌着一张丁卯年摄得的六寸半身的灵魂（真容）照片。"④据传王三奶奶确有其人，为清朝乾嘉年间天津人，年轻时跟从当过御医的丈夫学习医术，尤擅针灸。丈夫死后，她游走于京津冀三地行医，治好了许多疑难杂症，救人无数，且对穷人免费诊治，广积善缘。此外，她还会算卦、测字，借此疗人心病，为人排忧解难，因而名声甚广，被人们视为神人。王三奶奶崇信碧霞元君，从17岁开始，每年都来妙峰山进香，并在庙会期间搭建茶棚，为香客们免费提供茶水，兼顾治病。后来，王三奶奶来妙峰山进香时"坐化"于此，人们认为她是得道成仙了，因此在山顶为其建造殿堂，塑像供奉，后人尊其为"慈善老母"⑤。天津、河北的香客对王三奶奶信奉至深。在西山地区，供奉王三奶奶的庙宇有很多，潭柘寺的慈善圣母殿（修于1930年）供奉的也是王三奶奶。而在三山五顶中，天泰山也供奉有王三奶奶，丫髻山则供奉王二奶奶，传说丫髻山王二奶奶的家乡是河北香河，因而丫髻山备受河北香客的厚爱。据考证，王奶奶信仰与北京民间的"四大门"⑥信仰有比较密切的关系，碧霞元君被认为是天下四大门的总管，丫髻山的王二奶奶是碧霞元君的圣徒，直接管辖"四大门"。而这三山之上的王奶奶之间又是何关系呢？20世纪30年代燕京大学学生李慰祖调研四大门时，访谈的李香头曾说："东大山、妙峰山、天泰山三处的娘娘乃是亲生三个姊妹，总管各地的四大门仙家，四大门对于娘娘便等于属员对于上司的身份一样。在圣山上当差的四大门，较在农村中的四大门身份为高。香头乃是供四大门驱使的。"⑦而西直门外大柳树村的关香头则另有说法,她说这三个王奶奶并不同姓,丫髻山的王奶奶是京东香河县后屯村人,娘家姓汪,天泰山的王奶奶与她同村,但是姓李,二者不是同一人。妙峰山的王三奶奶又是另外一个人,和前二人都没有关系⑧。不过还有人认为这三个王奶奶是"一尊神灵,三位分身"⑨。另据李世瑜先生访谈,王三奶奶是晚清道咸年间天津一位顶着"黄三姑"(即四大门中的黄门)的灵媒(俗称"香头"),其母是在乡下跳大神给人治病的"姑娘婆",收一些年轻姑娘为徒,常常教她们练功夫,如跪香、念咒语、盘腿打坐等。王三奶奶自幼耳濡目染学会此道,未出嫁时就多次成为"黄三姑"降神附体的灵媒。出嫁后曾因家贫到丁家做奶妈,后因顶"黄三姑"准确预言了丁家幼童之殇而名声大振,成了专职灵媒。因其顶"黄三姑",故后人称她为王三奶奶。据传她是天津万缘公议代香圣会的会首,还是在妙峰山最早创立茶棚的人之一。咸丰末年,王三奶奶在妙峰山朝顶进香时,不慎于庙儿洼坠崖身亡。翌日,天津来的一位女香客在惠济祠大殿中宣称自己是王三奶奶降临,并自言王三奶奶是东岳大帝的第七个女儿,现在功德圆满,被东岳大帝召回宫中,这是天津信众神化王三奶奶的开端。据传,王三奶奶死后的数十年间,妙峰山几乎每年都发生王三奶奶降神附体的事情。⑩可见,大家对于王奶奶的传说故事看法并不一致,但这并不妨碍人们对其的信仰。天津香客尤其笃信王三奶奶,天津民间有"摸摸王三奶奶的手,百病全没有""摸摸王三奶奶的脚,百病全都消"的民谚,天津天后宫内供奉的

图5-1-19:王三奶奶殿

图5-1-20：妙峰山王三奶奶像（左）

图5-1-21：妙峰山王三奶奶的坐骑（右）

王三奶奶雕像，其双手已经被抚摸得闪闪发亮。清末至民国时期，天津香客成群结队到北京妙峰山参拜这里供奉的王三奶奶像。因为天津香客太多，妙峰山甚至特地为天津香客开辟了一条专用进香通道，即老北道。

灵感宫殿外廊下西侧设有大鼓一架，并有一筒竹制摇签，有人值守，墙壁上挂一块红色大牌子，上写"敲太平鼓"，并有文字注解："一声祈佑生活平安，二声祈佑事业成功，三声祈佑福运长久。"与之相对，东侧外廊下悬挂一口大钟及钟杵，红色大牌子上书"撞吉祥钟"，文字注释为："一鸣祈佑全家美满，二鸣祈佑福寿康泰，三鸣祈佑财运亨通。"亦有人值守，值守者均戴有"旅游志愿者"的胸牌，还有的戴有红色袖章。敲太平鼓和撞吉祥钟都要收取一定的费用，值守者为山下涧沟村的村民。这其实是妙峰山娘娘庙传统的娱乐项目，庙会期间，人们在灵感宫拜祭了老娘娘以后，出门来敲敲太平鼓、撞撞吉祥钟，以期讨个好彩头。每敲一下或者撞一下，旁边看守人就唱一句牌子上的吉祥话，一般都是

第五章 妙峰山殿宇的空间布局

图5-1-22：灵感宫外太平鼓（左）

图5-1-23：灵感宫外吉祥钟（右）

敲三下或者撞三次，看守人就把这三句吉祥话唱完，敲鼓人或者撞钟人也会心满意足而去。

院内东配殿外有卖香（请香[11]）的固定摊位，2018年秋笔者在调研时，恰逢一对中年夫妇上前询问价格，售卖的妇女问请何种香，中年夫妇回答说是求子的香，售卖者打量了一下这夫妻二人，说请一把求子的香是120元。妙峰山景区门外的摊点上叫卖的香最便宜的是一块钱五把，即使是较贵的与此也差得很远，而山下涧沟村村民售卖的是5块钱一把，可见售卖者也是因人而鬻，她知道到妙峰山顶娘娘庙求子的人很多，而眼前这对夫妇显然已经不再年轻，至少已年逾四旬，这个年龄再请香求子，背后肯定有说不出的苦衷，或者多年无法生育，或者曾有子女而不幸夭折，总之他们目前对孩子的渴求非常强烈，所以即使喊高价他们也照样会买（请），以祈求心里安慰。同样一把香，售卖者也会根据顾客的需求不同而随意给香命名，卖给求子的就是求子香，卖给求家人身体健康平安的就是平安香，卖给想寻求对象的就是姻缘香，卖给想发财的就是发财香……这与人们造神是一样的，需求什么就造什么样的神。

惠济祠殿后面，还辟有一个很大的凉亭，站在凉亭的北面远眺，视野开阔，远处的回香阁、玉皇顶尽收眼底。

## 二、回香阁

回香阁位于惠济祠的北面约100米处，是一座三合院，整个院落坐北朝南，山门殿额书"回香阁"。大门开在南面正中位置，下有数十层花岗岩砌筑的石阶，全部建筑均为硬山式卷棚顶，青灰瓦覆顶。此处最初原本是齐天庙，供奉东岳泰山天齐仁圣大帝黄飞虎，并附建有回香亭。依据妙峰山娘娘庙进香的流程，香客在灵感宫娘娘庙进香后，再到回香亭烧一遍香，称为"回香"，这样进香仪式才算完成，此后便是"戴福还家"，朝顶进香的活动至此才功德圆满。回香亭重建时与天齐庙合为一处，改名"回香阁"。2015年妙峰山景区对回香阁进行了改造和扩建，使这里成了专门供奉财神的庙宇，亦为北京地区最具财神文化特色的祈福地。新改造的回香阁（财神庙）于2016年妙峰山第二十三届春季庙会期间举行了盛大的开光仪式并开门迎客；庙内在完善财神文化相应设施的同时，保留了"回香"的功能，继承了朝顶进香的传统。现在，庙内供奉有汉、藏各武财神、文财神、地方财神等神像二十余尊，涵盖了道家、佛家和民间等诸多信仰领域，是北京地区乃至全国最为全面的财神庙。

图5-1-24：请求子香的中年夫妇

回香阁正殿为东岳殿，供奉东岳大帝，原有楹联题曰："大德齐天坐镇统元五岳长，瑞云焕彩资生覃敷九峰灵。"现楹联已无。东岳大帝全称是"东岳泰山天齐仁圣大帝"，其封号源自小说《封

图5-1-25：回香

神演义》：姜子牙辅佐周武王伐纣，功成之后奉玉虚宫元始天尊之命，大封伐纣阵亡的8部365位正神，是为"封神榜"。《封神演义》中，黄飞虎家族七世忠良，世居高位，为辅佐商朝立下了汗马功劳。其父黄滚是商朝赫赫有名的镇边老帅，妹妹是纣王的西宫贵妃，黄飞虎亦被封为镇国武成王，位高权重。昏庸无道的商纣王借宴会之机，调戏黄飞虎夫人，逼其自杀身亡，黄飞虎的妹妹、西宫贵妃黄氏在痛斥纣王之后也被他摔下摘星楼而亡。黄飞虎身怀家仇，揭竿而起，他勇闯五关，亲率一千家将，偕同二弟、三子、四友投降姜子牙讨伐纣王，与姜子牙率兵直逼商朝国都朝歌（今河南省淇县），纣王自杀，商朝灭亡。后来在攻打渑池时，他被守城的商朝大将张奎杀死。姜子牙封神时，封他为东岳泰山天齐仁圣大帝，为五岳之首，执掌幽冥地府一十八重地狱。《封神演义》原文有载："今奉太上元始敕命，尔黄飞虎遭暴主之惨恶，致逃亡于他国，流离迁徙，方切骨肉之悲；奋志酬知，突遇阳针之劫，遂罹凶祸，情实可悲！……特锡荣封，以是差等。乃敕封尔黄飞虎为五岳之首，仍加敕一道，执掌幽冥地府一十八重地狱，凡一应生死转化人神仙鬼，俱从东岳勘对，方许施行。特敕封尔为东岳泰山天齐仁圣大帝之职，总管天地人间吉凶祸福。尔其钦哉！毋渝厥典。"⑫东岳大帝两旁陪侍比干和李诡祖两位文财神。比干是商纣王的叔叔，在商纣王时任少师，也就是宰相，因为直谏商纣王而被剖心而死。《封神演义》中说他有"七窍玲珑心"，姜子牙封神时他被追封为"文曲星君"，因为无心，做事公正而被人们称为"文财神"。李诡祖也是文财神，同时又被称作财帛星君、增福相公、增福财神、福善平施公等。他在北魏孝文帝时任曲梁县令，清廉爱民，去世后被立祠祭祀。中国民间传说中李诡祖为太白金星下凡，属金神。唐明宗天成元年（926）被赐封"神君增福相公"，元朝赐封"福善平施公"。一般来说，东岳殿东岳大帝旁边不会陪侍财神，妙峰山风景管理区为突出其财神文化特

图5-1-26：李诡祖财神

图5-1-27：东岳大帝

图5-1-28：比干财神

色，将诸多财神都集结在一起，可能因为宫殿不足，才将李诡祖及比干二位中国传统文财神像立于东岳殿内，这也可能是全国独有的。

妙峰山的财神殿，始建于明末清初，"文化大革命"时被毁，1986年复建时在惠济祠的西配殿，供奉的是武财神赵公明，其楹联为："乾始美利不言其利乃宏厥利，人知尊神弗见其神故谓之神。"2015年回香阁扩建时，为打造财神文化，在回香阁东岳殿两侧配殿设置了四座财神殿，原惠济祠内财神殿也移至这里，而原本在回香阁东配殿的文昌殿则移至惠济祠。四座财神殿中，东后殿仍供奉赵公明和他所统领的招宝、纳珍、招财、利市四神。中国地域广阔，各地方供奉的财神很多，其中以赵公明最具盛名，因而被称为"正财神"。赵公明是道教神祇，民间传说中他姓赵名朗字公明，陕西终南山人氏，为人诚实守信，仗义勇为，靠经营木材生意积攒巨富，且乐善好施，深得人们尊敬。因虔诚修道成为张道陵张天师的开山弟子，师父命他骑黑虎，持钢鞭，守护炼丹炉。后因吃了师傅所赐仙丹而法力大增，变幻无穷，玉帝封其为"正一玄坛赵元帅"，故世人称其为"黑虎玄坛"或"赵玄坛"。赵公明成为财神，也来自小说《封神演义》。书中说他在峨眉山罗浮洞修行得道，法力强大，为人重义气，并有黑虎、金鞭、定海珠和缚龙索等法宝。他下山辅佐闻太师征讨西岐，依靠法宝，在与姜子牙对阵中连胜多次，后来姜子牙请来五夷山散人萧升和曹宝对付他。萧升用自己的法宝落宝金钱收了赵公明的定海珠和缚龙索两件法宝，失去法宝的赵公明最后被陆压道人用法术杀死。姜子牙代天封神时，封赵公明为"金龙如意正一龙虎玄坛真君"，统领招宝天尊萧升（东路财神）、纳珍天尊曹宝（西路财神）、招财使者赵九公（南路财神）、利市仙官姚少司（北路财神）四位正神，专管迎福纳祥之事。虽未直接封他为财神，但由于他统领四位财神，所以民间将他奉为财神之首，为中路财神。妙峰山财神殿中，赵公明头戴金盔，右手持竹节鞭，左手托元宝（聚宝盆），身着盔

图5-1-29：赵公明与四路财神

甲，虎头战靴，胯下坐一猛虎。其余四路财神手里分别持：笏板、招财进宝铜钱、如意、账本、对联。

东配殿供奉龙五爷、岳飞及范蠡三位财神。龙五爷是佛教中的财神，传说中他是龙王的五儿子，名叫圣衍。据佛经记载，南海瘟魔遍布，民不聊生。南海龙王第五子圣衍不忍百姓受难，主动叩拜观世音菩萨座前，化为鳌龙，驮观世音菩萨赴南海拯救苍生。在龙五爷护持下，观世音菩萨遍洒甘露，降伏瘟魔。瘟魔虽除，但南海百姓穷苦依旧。龙五爷发愿，为观世音菩萨永远镇守南海。如来佛祖念其济世情怀，亲赐"金元宝""财源库""聚宝盆"三件招财法器，令其掌管人间财富分配，统筹天下财源流通。因人们向龙五爷求财，有求必应，应之必灵，故被称为"龙五爷财神"。我国最著名的五爷庙为五台山五爷庙，供奉的就是龙五爷财神，且被康熙亲赐皇帝金冠一顶，紫袍玉带一套和銮驾一副，这在全国五爷庙中是独有的。范蠡是文财神，他是春秋末期楚国人，曾献策扶助越王勾践复国，功成名就之后辞官归隐。他极具商业才华，归隐期间三次经商成巨富，又三散家财于民众。最后定居

图 5-1-30：龙五爷、岳飞及范蠡三位财神

于宋国陶丘（今山东省菏泽市定陶区南），自号"陶朱公"。世人誉之："忠以为国，智以保身，商以致富，成名天下。"所以后代许多商人皆以他为楷模，供奉他的塑像，尊之为财神。妙峰山娘娘庙中原有武圣殿供奉岳飞像，还有秦桧夫妇面向岳飞的跪像，武圣殿原名"速报司"，此乃是阴间东岳大帝属下专掌善恶因果报应的机构，因报应迅速而得名，北方很多地方的东岳庙速报司司主多为包拯，乃是因其秉公办案、疾恶如仇且雷厉风行，但北京东岳庙及杭州等地的东岳庙、城隍庙则以岳飞为司主，大概因其是含冤而死，能够深刻体会百姓蒙冤受苦之境遇，快速惩恶扬善吧。清代有《京师竹枝词》言："掸尘会起值三春，七十二司庙内陈。凡有负屈含冤客，岳武穆神报最真。"描写的就是岳飞任速报司司主之事。妙峰山景区此次新改造后，将岳飞供奉在财神殿。一般而言，岳飞作为财神供奉在全国并不普遍，其只在广东一带被奉为武财神。

西后殿供奉的是藏传白、黑、红、黄、绿五路财神，殿中招牌介绍："白财神尊身色如雪山皓白，身型一头二臂，面部忿怒，三目圆睁，嘴微张，含威不露；头戴五佛宝冠，身披绸缎彩带，上着天衣，下着巴乍勒嘎绸裙，以各类宝物为饰。黑财神身体呈青黑色，一面二臂。面部三只眼，浓眉扬起，鼻翼怒张，咧嘴龇牙，龈牙外露。头戴五叶宝冠，束葫芦形髻，头顶饰火焰，全身赤裸，脖子上挂着一条蛇。左手抱一个大鼠鼬；右手托一个骷髅碗。红财神肤色红，一面二臂，三只眼睛，顶髻燃宝，右手当胸执如意宝，左手托吐宝鼠或者颅碗。怀抱明妃，明妃与主尊形体相似，手持盛满甘露的颅碗。此法由瓦日译师从金刚座处受听，然后传到藏区的，为萨迦派流传至今。黄财神一面二臂，本尊形象为肚大身小，双手有力，肤色金黄，右手持摩尼宝珠，左手轻抓口吐珠宝的吐宝鼠。头戴五佛宝冠，身着天衣，蓝色莲花及珠宝璎珞作严饰。胸前挂乌巴拉念珠，以如意坐左脚曲，右脚轻踩海螺宝，安坐于莲花月轮上。绿财神的形象为上身穿红色的铠甲，一面二臂，二目善怒面，以各种宝物为饰，头戴白色的盔甲，宝璎珞作为报身庄严，右手持宝刀，象征断掉穷苦的缘故，左手抓吐宝鼠，象征增添福宝，骑着绿色的神马，右脚伸左脚曲，立于宝座莲花上。"[13]

根据藏传佛教典籍，白财神又名白宝藏王，乃是观世音菩萨的化身，他汇聚一切财神之功德，救度众生饥馑之苦；黑财神是由古印度财神（梵名库别拉）演化而来的，藏语称作"赞布绿那布"，是东方佛里的金刚不动佛，主要功德为驱除所有厄运，实现一切善愿；红财神是萨迦派密法中的一位功德无比的财神，获其庇佑，则财富增长，永脱贫困，此尊肤色红，故称红财神；黄财神能"增长福值、寿命、智慧、物质及精神上之受用，主司财富，能使一切众生脱贫困，财源广进"，他是密教的护法神，是诸财神之首，因其身相黄色，故称黄财神；绿财神是西方无量光明佛的化身，藏名叫作"占巴拉沃波"，因其肤色是绿色，故称绿财神，是苯教中非常有利于事业的财神与护法神。

西配殿供奉武财神关公，另有关平和周仓为侍。武圣关公之所以被奉为武财神,可能与其身上所具备的忠义精神有关,这种精神对于商人而言是难能可贵的,他们各地行商,会遇到种种意想不到的麻烦,于是商人们联合起来修建关羽庙,通过发扬他的忠义精神,互信互爱,诚信经营,从而保护大家的整体利益。久而久之,关羽演变成为财神,是利市财神。另有说法是刘备被曹操打败后,关羽为保护刘备夫人被迫降曹,曹操因爱慕关羽的才能,对他赏赐有加。但关羽不为所动,"身在曹营心在汉",一心想离开曹营,曹操为之感动,大义放行。在离开曹营时,关羽不仅将曹操所有赏赐之物分门别类摆放整齐,而且制作了一本账册,将这些赏赐都按"原、收、出、存"详细记录在案。据说,这成为后世经商所用账簿的原型,关羽因此被敬为财神。在《三国演义》及其后的民间传说中,周仓是关公的护卫,对关公忠心不二;关平是关公之子,他一直守护在父亲身边,最后二人同时被东吴所害。民间关帝庙在供奉关帝的时候,一般都有周仓及关平陪侍两侧。

图5-1-31:藏传五路财神

图5-1-32:关公财神

## 三、玉皇顶

玉皇顶是妙峰山景区的最后一组建筑,建在回香阁后面山峰之上。自回香阁背后沿108层石阶而上,才能到达玉皇顶,这里是妙峰山娘娘庙的最高一处殿宇,正殿供奉的是天界人间的最高主宰、被誉为万神之王的玉皇大帝。其楹联为:"妙顶泛金辉九天彩仗开阊阖,霞宫临紫盖万姓熏香叩玉清。"玉皇大帝在天界居"六御"之首,在道教中的地位仅次于"三清"。在妙峰山娘娘庙所供奉的众神仙之中,玉皇大帝的神格最高,权力最大,因而把玉皇殿建在了最高处,以显示其地位的崇高,这样做是参照了泰山祖庙的做法。虽然妙峰山信仰以碧霞元君为主,她法力无边,信众广泛,但是在正统道教的神仙谱系中,碧霞元君的神格并不高,最高者乃是"三清",即道教的三位至高神"玉清圣境元始天尊、上清真境灵宝天尊、太清仙境太上老君",他们是"道"的化身,根据正一道第54代天师张继宗所撰《崆峒问答》解释:玉清、上清、太清乃一生二,二生三,三生万物之义,三清代表大道生成规律。一气化为三,三合为一,用则分三,本则常一。道化为三清,三清合体

图5-1-33:自玉皇顶俯视惠济祠,只能看到庙顶和大旗杆

为道，他们生育天地、化育万物、运行日月。玉皇大帝则是在天地生成之后神界、人间及冥界等三界的最高领袖，掌管着神、仙、佛、圣、妖及人世、地府的一切事务，位次仅次于三清，而碧霞元君等众神皆在玉皇大帝的管辖之下。

玉皇殿原在涧沟村西南坡地上，仅有三间很小的屋子，较为促狭简陋，且在抗战时期就已毁坏。1997年，妙峰山景区管委会在金顶西北重建了玉皇顶，但那时也比较简陋，仅有山门和一座正殿，供奉玉皇大帝。2009年又在原址进行扩建，不仅重建了山门殿，而且还扩建了东西配殿，院落也扩充了不少。山门殿中重塑了护法神，东边为太乙救苦天尊，西边为雷声普化天尊。太乙救苦天尊是玉皇大帝的侍者之一，简称太乙天尊或救苦天尊，是道教尊神，又称青玄大帝、青华大帝、寻声救苦天尊等。太乙救苦天尊是东方长乐世界的大仁慈者，能够"物随声应"，神通无量，功行无穷，寻声救苦，应物随机。据传当遇到困难时，只要心念天尊或诵念天尊圣号，即可解忧排难，逢凶化吉。九天应元雷声普化天尊是中国民间信仰及道教尊奉的神仙之一，为南极长生大帝之化身，他是天上雷部的最高天神。相传其是华夏民族的祖先轩辕黄帝。由于轩辕黄帝功劳极大，玉皇大帝让其掌管复杂的雷神组织，《封神演义》中他被封为九天应元雷声普化天尊，专辖九霄三十六天，执掌雷霆之政。玉皇殿的设立，使妙峰山庙宇群趋于完善、合理，自玉皇殿山门前南望，回香阁及惠济祠都在一条中轴线上，气势恢宏。

西配殿为真武殿，真武殿供奉真武大帝、龟蛇二将及周公、桃花女。真武大帝封号很多，又称玄天上帝、玄武大帝、佑圣真君玄天上帝、荡魔天尊、玉虚师相、九天降魔祖师、无量祖师等，全称为真武荡魔大帝，是中国神话传说中的北方之神。真武大帝本为北方天帝颛顼的辅佐之神玄武，后来他接替颛顼成为镇守北方的天帝，颛顼则成为统治阴间的酆都大帝。道经中称他为"镇天真武灵应佑圣帝君"，简称"真武帝君"。中国民间称其为荡魔天尊、报恩祖师、披发祖师等。真武大帝身旁的金童玉女为周公和桃花女，源于元明戏曲和小说。桃花女故事在民间流传久远，元代已有《桃花女破嫁周公》杂剧。其情节为：相传七里河岸的周公偶然间得到天书，获得通天之才，通晓天事人运，他以算卦为业，入行30年，百算百准，从无错差，远近闻名。桃花女得了地书，能破能解，比周公更厉害。某日周公遇到一石婆婆前来为在外谋生的儿子算命，周公推算其子石留柱在外必遭横死，石婆婆伤心欲绝，在回家途中她又遇到桃花女，桃花女问清缘由，教会

图5-1-34：玉皇殿

她禳解之法，救了石留柱，石婆婆欢喜万分，于是她返回来找周公退卦钱，埋怨他推算不灵，周公大为吃惊，这是他从业30年来首次失卦。又一日，彭祖也来找周公算卦，周公断定他有必死之灾，无法破解。但幸运的是，彭祖也遇到了桃花女，经她传授禳解之法，彭祖非但未死，反得长寿延年。周公得知此事，嫉恨桃花女法术高过自己，乃心生计策，他请彭祖为媒，娶桃花女为妻。婚后，周公屡想计策加害桃花女，均被她破。不巧的是，天降厄运于周公家中，周家将有灭门之灾，夫妻二人皆无法破解，亏得玉皇大帝恩赐，周公一家幸免于难。其后真武大帝出场，指明周公与桃花女乃是天上金童玉女转世，现尘缘已了，应复归天位，在真武大帝御前服侍。还有明清小说演绎了真武大帝、周公及桃花女前世今生恩怨关系。据传，真武玄天大帝在雪山修道时，曾用戒刀剖腹洗肠，失血昏迷，戒刀遗落，刀鞘与刀身两分离。经过数千年光景，身具灵性的刀身、刀鞘分别修炼成仙，其中刀身

修炼成阳体，刀鞘修炼成阴体，又历数百载，王母娘娘诏刀鞘上天，管理桃花，即成桃花仙子；刀身做了太上老君的身前侍童，后来他私自下凡，投胎到商朝周姓诸侯，名周乾，人称周公。此时桃花仙子奉玉帝命下凡，作了尹太公的女儿，因前缘为桃花仙子，喜欢桃花，人称桃花女。此后二人多次斗法，周公均不敌桃花女，后来二人被真武玄天大帝收服，成为周、桃二元帅，在其身边服侍。

东配殿为三官殿，供奉天官、地官和水官，民间一般说法是，天官赐福，地官赦罪，水官解厄释结。天官名为上元一品赐福天官，紫微大帝，隶属玉清境。地官名为中元二品赦罪地官，清虚大帝，隶属上清境。地官由元洞混灵之气和极黄之精结成，总主五帝五岳诸地神仙。逢七月十五日，即来人间，校戒罪福，为人赦罪。水官名为下元三品解厄水官，洞阴大帝，隶属太清境。水官由风泽之气和晨浩之精结成，总主水中诸大神仙。每逢十月十五日，即来人间，校戒罪福，为人消灾。

图5-1-35：真武殿（左）

图5-1-36：三官殿（右）

## 四、金顶石、大智钟和浮雕壁画及其他民俗纪念标志

金顶妙峰山以"金顶"闻名，进了妙峰山娘娘庙山门，经过一石铺的甬道，东侧为崖壁，西侧为山体。顺甬道前行100多米，在回香阁的南面、惠济祠的背后，有一个较大的广场，广场中央有一个正方形的三层台阶，台阶上矗立着一块巨石，上面有红字刻写的"金顶妙峰山"五个大字，此为我国著名书画家、教育家启功先生所写。这已成为景区的著名景点，凡到这里游览或者进香者无不在此留影。此外，妙峰山广场上还立有另外两块稍小一些的石碑，其一为"缘源"碑，正面有红字所刻"缘源"二字，背面刻"中国民俗学调查纪念碑"，碑文记载了在金顶妙峰山立此碑的缘由和意义。1925年4月30日（农历四月初八）至5月2日（农历四月初十），时北京大学研究所国学门顾颉刚教授和庄尚严、孙伏园、容庚、容肇祖等一行五人从北安河出发，来妙峰山考察庙会民俗活动，历时三日，后编辑成《妙峰山进香专号》在《京报》副刊上陆续发表，各位学者从不同的角度对妙峰山庙会进行分析和解释，在国内外学术界引起极大反响，此被看作中国现代民俗学之肇始。尤其是顾颉刚的《妙峰山的香会》一文，时至今日仍被学术界视作妙峰山庙会研究的典范。自此，妙峰山被看作中国民俗学的发祥地。此碑石正是为了纪念顾颉刚等人考察妙峰山而设立的。其碑文如下：

### 中国民俗学调查纪念碑

北京仙山首属妙峰。明末建娘娘庙，清康熙帝敕封金顶，庙会规模甲于天下。每年阴历四月初一至十五，有来自全国及海外数十万香客朝顶，数百档香会进香献艺。公元一九二五年四月三十日至五月二日，北京大学顾颉刚携庄尚严、孙伏园、容庚、容肇祖到妙峰山考察庙会民俗活动，开中国现代民俗学有组织的田野调查之先河，为震动学术界之大事件。此后北大、清华、燕京、中山数所大学联合组团来此调查，十多个国

第五章　妙峰山殿宇的空间布局

图5-1-37：金顶石

家数十位学者以妙峰山为研究中国民俗之首选地，有多名后学青年以妙峰山民俗研究为博士、硕士论文选题获得学位。妙峰山被誉为中国民俗学研究之田野大课堂、民俗知识宝库。数十年来，妙峰山民俗文化之研究方兴未艾，一九九五年首届中国民俗论坛在此地举办，数十位国内外著名民俗学者云集于此，以妙峰山民俗为切入点研讨中国民俗学之发展；二〇〇五年数十名学者再次会集于此，进行民俗研讨。八十年来，妙峰山与中国民俗学结下不解之缘，成为中国民族民俗文化的一方宝地，妙峰山民俗研究

 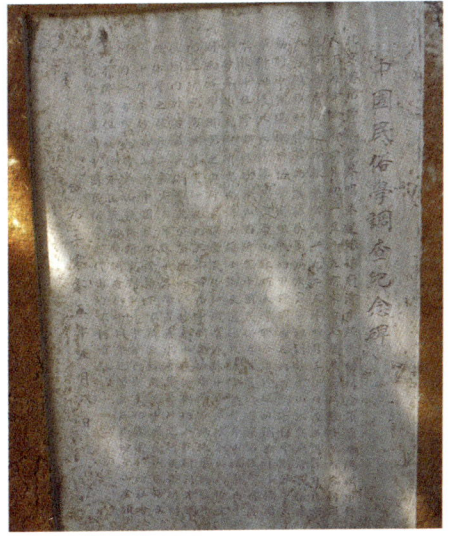

图5-1-38：缘源碑正面刻"缘源"二字，背面刻"中国民俗学调查纪念碑"

对弘扬中华民族文化、构建和谐社会大有裨益。值此妙峰山民俗学调查八十周年之际，立石于妙峰山金顶，以纪念前辈对中国民俗学所作出的不朽贡献。

公元二〇〇五年五月八日

其二为隋少甫纪念石碑，隋少甫为京城著名香会会首，他自幼就在父辈影响下参加香会，熟悉各种规矩。在改革开放之后，他率先冲破种种阻碍，带领城内的香会集体到妙峰山进香，这才促成了妙峰山庙会的重新举办，因此被尊为民间香会的泰斗和民俗界的"活化石"。2008年，在他去世后的第三年，京城各香会捐资刻石纪念，正面刻有"香会泰斗隋少甫"，并简单介绍其生平事迹及立碑缘由，背面额书"恩师隋少甫"，下列各香会名。

距离金顶石不远，在通往惠济祠道路的旁侧，还建有一座大智钟亭，内有一口大钟，名"大智钟"。此钟原属于娘娘庙西侧的大云寺所有，大云寺在抗战时期破坏严重，1949年以后，在破除迷信的政策下，一些庙宇被拆或者被村民占用，大云寺的和尚陆续离开，

图5-1-39：隋少甫纪念石碑

图5-1-40：大智钟

"文化大革命"开始后，大云寺的佛像以及其他一些有价值、有意义的佛教物品被首钢炼铁厂收购，唯留这口大钟。此钟直径0.9米，高1.8米，重180公斤，铸铁制造。2003年，此钟从大云寺移至妙峰山娘娘庙保存。关于此钟的来历，还有一个传说，据说大智钟乃明朝天顺年间流传至今的。相传当年一天深夜，大风突起，该钟从河北高阳县刮到妙峰山西大云寺内，因寺内供奉着文殊菩萨，文殊菩萨乃智慧的化身，故而得名"大智钟"。据说，在此钟前祈福求拜，可使智慧大增，它的灵气可使人清醒觉悟，获得安顺吉祥，去除烦恼，开启心智，增加灵气。⑭

除此之外，广场上另有1998年所立的"西北旺皇会"碑一座、石狮一座、钟台一座及古松数棵。其中有一棵被称为"救命松"，根据旁边的标牌介绍，传说抗日战争时期，时任北平宛平县县长的焦若愚在此与日军进行游击战，突遭日军轰炸，通讯员不幸遇难，而焦若愚则因有松树的保护而幸免于难，中华人民共和国成立后焦若愚曾担任北京市市长。人们认为这是妙峰山碧霞元君娘娘显灵，护佑他平安。而经考证，当时在此打游击并被松树保护的并不是焦若愚，而是纪亭榭等人，纪亭榭当时任晋察冀军区第1军分区3团团长，长期在平西地区同日军打游击战，中华人民共和国成立后，他任中国人民志愿军空军副师长，中国人民解放军海军航空兵部副参谋长、参谋长。1955年被授予大校军衔并荣获二级独立自由勋章、二级解放勋章。1964年晋为少将。⑮之所以景区还将错就错，可能是曾经当过北京市市长的焦若愚在北京民众心中比开国少将纪亭榭更为知名，假他之名，更能凸显妙峰山娘娘的灵验。

图5-1-41：钟台

图5-1-42：大石狮

图5-1-43：救命松

在入景区大门后石道的西侧山体外立有几垛仿古围墙，围墙上装嵌有数十幅浮雕画，内容再现了清末及民国时期妙峰山庙会的盛景，有些是根据当时的老照片所刻。包含了"幡鼓齐动十三档"民间花会：开路、五虎棍、秧歌（高跷）、中幡、舞狮、双石头、石锁、杠子、花坛、吵子、杠箱、天平和胯鼓等。在浮雕画的尽头，还刻有一些名人嘉士题写的有关妙峰山的诗文。如清同治年间的宫词《头香》："彩旗八宝焕珠光，浴佛新开内道场。昨夜慈宁亲诏下，妙高峰里进头香。"真切再现了当时慈禧太后命人到妙峰山烧头香的情景，也从侧面证实了清末皇宫派人到妙峰山进头香

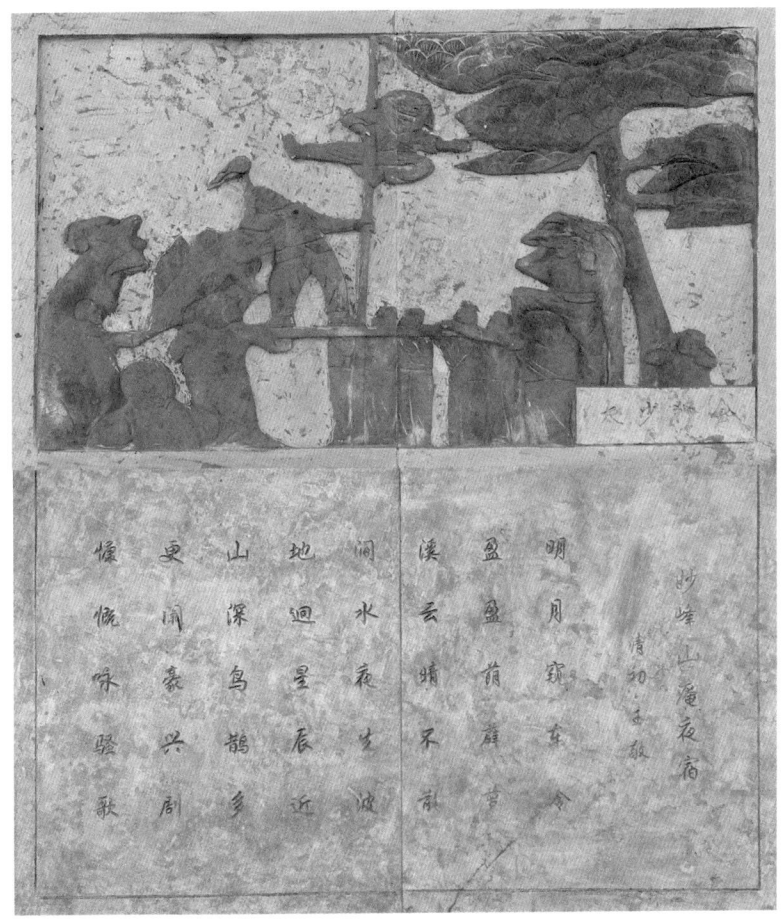

图5-1-44：浮雕中的香会及诗文

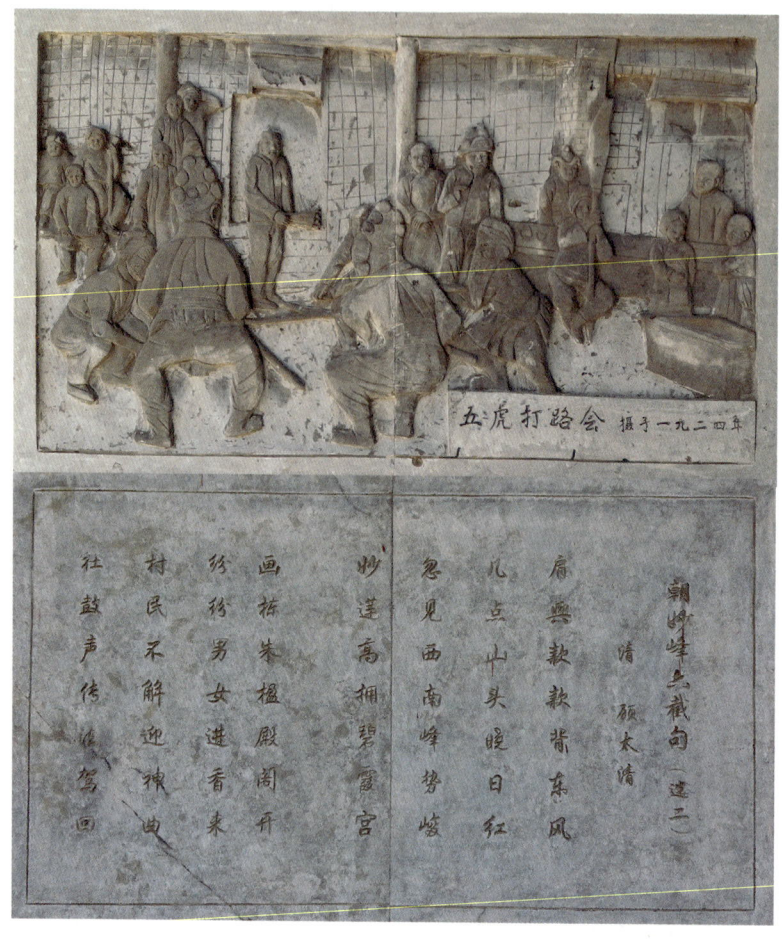

图5-1-45：浮雕中的香会及诗文

的事实。另有清李慈铭所写《乙酉春晚即事》："千寻丫髻出云间，苏帕年年缀内班。华蹬不知青盖贵，都人争赛妙峰山。"此诗也再现了当日妙峰山庙会的盛况，无论贫富贵贱，大家争往妙峰山进香。清顾太清所写《朝妙峰山截句》（选二）也描绘了庙会期间，香会及香客接踵而至，争相进香的情形："肩舆款款背东风，几点山头晓日红。忽见西南峰势峻，妙莲高拥碧霞君。""画栋朱楹殿阁开，纷纷男女进香来。村民不解迎神曲，社鼓声传法架回。"此外还有爱新觉罗·溥杰的题诗《妙高峰》："青翠攀缘试一临，眼前丘壑异晴阴。叠泉涧底流清响，啼鸟枝头转好音。香漫野花难辨路，色鲜山果自成林。风光到处堪幽赏，环顾悠然物外心。"以及著名剧作家田汉的题诗："苦杏枝头雪未消，回眸千里尽琼瑶。骑驴突破孟尝岭，金顶风光分外娇。"

在路侧另一面墙壁上，则张贴有《妙峰山庙会今昔图片展》，以图片展示的方式介绍了百余年来妙峰山庙会的状况，既有清末民初时期传统庙会的盛况，也有改革开放以后新时期庙会的新气象，突出了妙峰山庙会的民俗学意义。

### 五、喜神殿

根据富察敦崇的记载，清末时，妙峰山娘娘庙东侧坡下建有喜神殿、观音殿、伏魔殿。民国时期为三处坐东朝西的殿院，自南向北分别是关帝殿院、喜神殿院和法雨寺殿院（供奉观音菩萨），各有院墙相隔，后来都被拆除。[16]当时的喜神殿是北京梨园界于1925年集资重建，据说供的是纣王，早前门外有北京梨园界送的匾额。20世纪80年代娘娘庙重修时，在灵感宫东配殿南耳房建喜神殿，供奉梨园界祖师唐明皇李隆基，而原来喜神殿等三座殿宇的位置1995年重建时建成了九间相连、坐东朝西的殿宇。现在，在庙会期间有香会在此设立茶棚，施粥舍茶，殿前较宽阔的场地则是武会献艺表演的地方。目前在此院南侧新设立了喜神殿，坐南面北，不过殿堂较小。此处楹联为："寄语此中人但使有缘常见我，坐观天下事须知作戏要逢场。"关于妙峰山喜神殿的来历及重修历史，妙峰山喜神殿简介云：

> 妙峰山喜神殿供奉梨园界的祖师——唐明皇李隆基。唐明皇曾大兴梨园教坊，亲自授艺并演戏，被后伶人奉为祖师。
> 妙峰山喜神殿建于明朝，为明清时期北京地区供奉喜剧之神的最大殿宇，屡毁屡建。1920年5月22日、23日，北京梨园

图5-1-46：喜神殿

图5-1-47：喜神

界为了重修失修破漏的喜神殿，在吉祥戏院进行了为期两天的募捐义演，京城万人空巷。演员中有"武生泰斗"杨小楼，"四大须生"之一的余叔岩，"四大名旦"中的程砚秋和尚小云，"四小名旦"之一的于连泉，著名老生孙菊仙、王又宸，名旦田桂凤，著名铜锤花脸裘桂仙，老旦中执牛耳的龚云甫、陈德林等京剧大师，演出曲目达20余个。

这次义演表现了戏剧界大师们敬业敬祖的传统美德，同时也表达了他们重修妙峰山喜神殿的虔诚之心。此次义演在整个中国戏曲界是空前绝后、绝无仅有的一次，在戏剧史上占有重要的一页。

此外，著名京剧家周信芳、曲艺家刘宝全在1925年曾捐钱修建梨园行茶棚，并添设山道间的汽灯以利香客夜行。同时还有众多的艺人捐资修庙并给神殿以丰厚的布施。

## 六、灵官殿、傻佛殿与三霄殿

这三座庙宇都不在妙峰山顶,而是在涧沟村至妙峰山顶的古香道半山腰处。灵官殿是从涧沟村沿古香道到妙峰山顶途中的第一座庙宇,此处为山门殿,是妙峰山庙、观的门户。按照旧时的规矩,前来进香的各个香会及众香客必须先到灵官殿"报号",然后才能登顶拜祭老娘娘,否则就会不灵验,庙会期间尤其如此。灵官殿始建于清代光绪二十五年(1899),"文化大革命"时成了涧沟村的羊圈,主体建筑基本还在,只不过壁画被涂抹,2006年重建并重新绘制了八仙过海的壁画。殿中供奉的是王灵官,据传是宋徽宗时人王善(也有说是唐太宗时人王恶),他曾做过湘阴城隍庙的城隍,明宣宗封其为"隆恩真君"和"玉枢火府天将",殿侧曾有联:"三眼能观天下事,一鞭警醒世间人。"王灵官是道教重要的护法神,负责镇守道观山门。

傻佛殿在灵官殿的左后方,又称为傻哥哥殿,始建于民国,目前的殿宇为2006年复建。据传,傻哥哥是清代乾隆年间人,是

图5-1-48:王灵官

图5-1-49:灵官殿的旧屋顶

图5-1-50：灵官殿中的八仙过海壁画

有名的大孝子，人称"哑孝子"。家贫，乞讨奉养老母。其母过世后，他终身守孝。因他为人正直、讲义气，终得正果，被奉为"傻佛"，因此该殿内绘制有二十四孝的壁画。也有传说他是王三奶奶的义子。因其弘扬孝道，因此吸引了京城内外乃至华北、东北及内蒙古等地的香客前来敬拜，为父母求福、求寿、求安康等，天津的香客尤其笃信傻哥哥，他们来妙峰山进香最主要的目的就是朝拜王三奶奶和傻哥哥。西山原来还有一座更为有名的傻哥哥像，位于妙峰山古香道中北道上青龙山朝阳院茶棚内，这是北京最著名的傻哥哥像。这里原供有天仙娘娘（碧霞元君）、傻哥哥、玉帝、王三奶奶、王灵官以及四大门的一些神仙等，现已无存。此处的傻哥哥像很小，是一个孩童形象，被尊为"喜神"，供奉在天仙娘娘的神案之前，相传他为宜子之神，可以护佑人们子孙昌盛。据说他喜欢吸烟，故过往的香客多用香烟来敬奉他。[17]虽然同为傻哥哥殿，但二者的传说及来源似乎有所不同，这是民间信仰及其传

图5-1-51：傻佛、傻佛殿

说在流变过程中，当地信众根据自身需要有意或无意进行选择的结果。

三霄殿始建于清代晚期，后被毁。2006年复建，与傻佛殿同在一个院内，傻佛殿是正殿，三霄殿是其东配殿，又称三仙姑殿，供奉云霄、碧霄和琼霄三位娘娘，传说她们是通天教主的亲传弟子，很久以前在碣石山碧霞宫修行，采天地之灵气，集日月之精华，练就绝世武功，其法宝分别是金蛟剪、混元金斗和缚龙索。她们是武财神赵公明的义妹，被姜子牙封为感应随世仙姑正神（又称感应随世三仙姑），同时赋予她们两项职能：一是专管妇女生育；二是清除人间"妒妇"。

这三座庙宇原本是妙峰山顶娘娘庙的一部分，是进香途中的必经之庙，地位非常重要。但是目前由于涧沟村到妙峰山顶新修了盘山公路，上山进香不必再经过这三座庙宇所在的古香道，同时这三座庙宇均属于涧沟村，由涧沟村村委会负责管理维护，而山顶娘娘庙则属于妙峰山风景区管理委员会管理，由于二者之间微妙的利益纠葛，使这三座原本依附于古香道和传统香会组织形式而存在的神殿已经被信众排除在妙峰山众神体系之外，乏人问津[18]，只有少数仍遵从传统进香习俗的香会和香客才会专门到此敬拜。

图5-1-52：碧霄

图5-1-53：云霄

图5-1-54：琼霄

## 第二节　因神设教

妙峰山娘娘庙现在归妙峰山风景区管理委员会管理，隶属于北京京西风光旅游开发股份有限公司（简称京西旅游），这是由门头沟区政府牵头成立的国企，是北京首家以旅游服务业、酒店服务业和商业地产为主导产业的上市公司。1998年1月8日，公司股票获准在深圳证券交易所挂牌上市，由门头沟区政府控股。京西旅游公司下辖四家子公司和八家分公司，妙峰山风景区是其分公司之一。因经营不善股票持续下跌，2004年由永定镇新南城股份有限公司收购管理，行政上与妙峰山镇以及涧沟村已无任何关联。相对于清末民初之时，现在的妙峰山娘娘庙的性质已经发生了重大变化，这里自20世纪80年代初期最后一位落脚于此的原大云寺和尚普月圆寂之后，就再无僧道主持寺务。重建以后的妙峰山娘娘庙，虽然仍然是民众信仰的敬拜之地，但已经不再是专门的宗

图5-2-1：东北香客供奉在三霄殿内的黑老太神像

教信仰场所，作为旅游景区的一部分，其管理者都是政府指派的当地基层官员，而且由于景区土地归于山下涧沟村，所以参与庙务管理的也都是山下涧沟村的村民。

　　作为旅游景区，管理者更看重的是社会经济效益。这一点从景区的重新规划并引进汇聚了各方财神就可以看出。由碧霞元君信仰而形成的妙峰山庙会虽然历史悠久且誉满京城内外，但其时令性极强，是为了纪念碧霞元君诞辰而设立的，旧时妙峰山只在庙会时间开庙，其余时间极少人过来。妙峰山被开发成旅游景区以后，游客主要集中于春夏秋季节，山顶的庙宇、妙峰山的自然风景和涧沟村的玫瑰花是吸引游客的主要项目，冬季以后，受气候影响，来景区的人流会大大减少。妙峰山春季庙会，即农历四月初一至十五这半个月是香客高峰期，例如，2004年春季庙会期间，香客人数最多的四月初一，售出门票2265张。其他十四天，人数超过1000人的有四天，分别是两个周的周六和周日，而四月初八佛诞日则不到800人。[19]为了保持稳定的客源，于是景区又抓住现今社会人们对于财富的推崇这一心理，为迎合大众对于财神的信仰，重新打造了所谓的"财神文化"，集中全国各地所信仰的财神，使人们在回香的同时又能参拜各路财神，"带（戴）福回家"成为"既带福又带财"回家，可以为自己和家人带来好彩头。这样做一方面可以在庙会期间分流一部分香客到回香阁来，避免了大批香客都集中于惠济祠而产生过分拥堵；另一方面大众对财神的信仰不具有很强的时令性，但具有普遍性，尤其是北京城内商人众多，且来自全国各地，他们对于财神的崇拜也有侧重，不同地域的商人一般都会倾向于自己家乡所崇拜的财神。将各种财神都供在一起，吸引人们不分时节随时前来进香参拜，诸多财神集中在一起形成了北京乃至全国都不多见的财神文化中心，无疑在此后会成为一个新的信仰点，能在碧霞元君诞辰之外的其他时节也吸引较多香客前来。这种改造并不能简单地用合适或者不合适来评判，本身妙峰山娘娘庙就是以碧霞元君信仰为主，集儒、释、道、俗各家信仰于一体的综合性庙宇，财神殿原本也就是其众多殿宇之一，现今将回香阁整个变成众财神的聚集地，也并非不可。这样做不仅不会分流对碧霞元君的信仰，相反还会带来更多的信众，对碧霞元君的信仰也会进一步扩散。毕竟，妙峰山娘娘庙景区本身并不大，前来游览或者进香的人很容易就能将三处庙宇群全部参观、朝拜完毕。极少有人只参拜财神而不去参拜碧霞元君，而且依据传统进香规则，前来进香的人需要先去给娘娘进香，最后才到回香阁回香，顺便参拜财神。

民间信仰本身就是要迎合大众心理需求的，历史上的所有庙宇都是基于神灵信仰才建立起来的。而现实中，很多庙宇的修建也是要迎合大众的信仰需求，如河北易县城北洪崖山后山老奶奶庙近些年出现了手握方向盘的车神、手抱书袋的孔子学神以及命名直截了当的官神、事业佛、斗战胜佛、转运奶奶、生意奶奶、长寿奶奶、送子奶奶、消灾奶奶等诸多能迎合现代社会需求的神像，每年吸引邻近地区大批信众前来朝拜进香，经营神殿已经成为当地村民的支柱性收入。这种现象看似怪诞不经，但在现实社会中却备受民众推崇，信仰是非理性的，我们无须对此现象有过多苛责，简单地认定这些信仰者过于"愚昧迷信"或者"功利贪财"，事实上这些神像在一定程度上满足了人们最低层次的信仰需求，因而能在民间引起共鸣而受到追捧。

图5-2-2：妙峰山庙会期间，香客也并不算多

图5-2-3：挂福牌

  妙峰山娘娘庙的众神安置虽不像易县老奶奶庙那样随意和粗陋，而是经过了景区管理者的统一策划和精心设计，在一定程度上算是政府行为，但是其规划设计也要迎合信众的不同需求才能持久地吸引香客，在这一问题上，妙峰山景区管委会作为整个事件的策划者，其对民众信仰心理的把握还是比较准确的。确实，如果仅靠对碧霞元君的信仰来支撑妙峰山景区的旅游事业，在目前的状况下显然是不够的，近年来，其母公司的股票持续低迷，迫切需要有新的经济增长点，稳定的客源和慷慨的布施正是他们所渴求的。因此，就需要在维持原有神祇信仰的基础上，不断扩充新的信仰点，以增加香客数量和布施金额。同时，作为政府派驻的管理者，他们有时又会将信仰与国家活动结合起来，以显示自己政治上的正确性。例如，妙峰山庙会的时间有时候会与五一劳动节有重合，近些年来，在五月一日这天，妙峰山还会举办"为天下劳动者祈福"的特殊的仪式活动，身披绶带的劳动者代表们不仅同撞吉祥钟、同敲太平鼓，而且还会在娘娘殿前燃香上香，以讨好彩头。但此类活动总给人一种比较怪异的感觉。

  而且，在历史上，妙峰山顶的神殿也并不是一成不变的，时常会根据信众的需求以及守庙人自己的意愿进行增减改变。1925年顾颉刚等人前来考察时，山顶前院正殿为灵感宫（娘娘殿），其右首依次为华佗殿、王三奶奶殿和财神殿，左首为释迦殿、五圣宝殿、广生殿和三教堂，后院有白衣大士殿，共九处神殿。在其之前，奉宽所著的《妙峰山琐记》则记载正殿两旁为药王殿和地藏殿，没有三教堂。编著于1934年的《闲话西郊》记载，正殿东边是文王殿，西边是财神殿，后殿是白衣大士殿，而当时的住持宗镜和尚还准备为梨园祖师爷老郎神特别盖一座殿，并且还希望为济公长老盖一座殿。[20]但很快宗镜和尚就离开了妙峰山，后来因为战乱等，此事搁浅。20世纪80年代，妙峰山庙宇恢复重修时，将原来的庙宇格局进行了较大调整，并形成了三个庙宇群：惠济祠、回香阁和玉皇顶。惠济祠内，灵感宫居中不变，左首则依次为地藏殿、月老殿、观音殿和喜神殿，右首华佗殿变为药王殿，供奉扁鹊，王三奶奶殿和财神殿不变，后院的白衣大士殿变作八处神殿。新增加的月老殿"使妙峰山的神灵功能更加完善，人生各个阶段的愿望几乎都有个照管的地方了。月老管姻缘、娘娘们管生子、药王和王三奶奶可治病，求财拜财神，求学业拜文昌、为死者祈福拜地藏。月老非常和谐地融入了妙峰山原本的神仙体系，佛、道、儒、俗各路神仙被人为巧妙地编织成一体，各司其职"[21]。据奉宽《妙峰山琐记》记载，20世纪初，回香亭正殿为东岳帝，东厢为"速报司"，供奉岳忠武并塑秦桧夫妇跪像，"相传速报司之神为岳武穆，最著灵异。凡负屈含冤心迹不明者，率于此处设誓明心，其报最速"[22]。西厢为"现报司"。2015年回香亭重修改名为回香阁，这里专门安置各路财神，惠济祠内的财神殿改为文昌殿，喜神殿迁出惠济祠，又恢复为三教堂。

神殿的变化其实反映了一定时期人们的信仰需求，民国时期，因为天津香客的加持，妙峰山香火最旺盛的殿堂是娘娘殿和王三奶奶殿，山下灵官殿由于香客需要向王灵官"报号"，故也香火极盛，但目前由于进香道路发生变化，多数情况下人们不再从灵官殿经过，这里已经"门庭寥落"，而山顶的王三奶奶作为天津的神祇，在京城香客心目中的地位并不是很重要，因此庙宇重修后被放置在并不显眼的西配殿北耳房内。同时为了迎合商品经济时代人们对于财富的追求，大肆扩充财神殿，回香阁五座神殿全都供奉财神，这是妙峰山历史上前所未有的。或许，随着时代的发展，今后妙峰山的神殿还会发生变化，因为神本身是人造的，也是为人服务的。

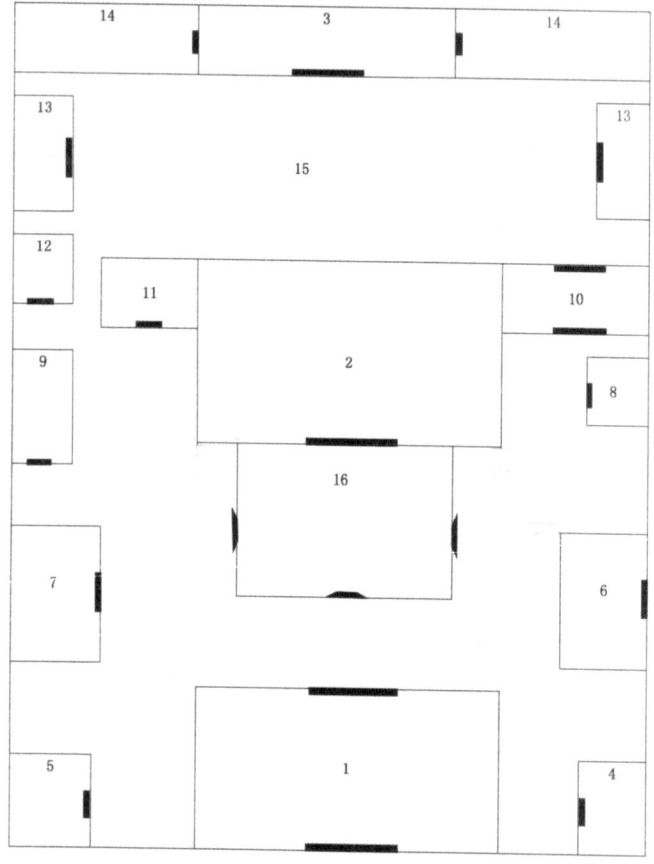

图5-2-4：顾颉刚绘妙峰山娘娘庙殿宇略图㉓
1.大门 2.娘娘殿 3.白衣大士殿 4.三教殿 5.天津大乐会 6.广生殿 7.财神殿 8.五圣宝殿 9.王三奶奶殿 10.释迦殿 11.华佗殿 12.天津聚善汽灯粥茶会厨房 13.天津聚善灯棚施粥茶会 14.空屋 15.本庙茶棚（聚善会施茶粥处）16.正殿前露台（石碑数十立于两旁）

第五章 妙峰山殿宇的空间布局

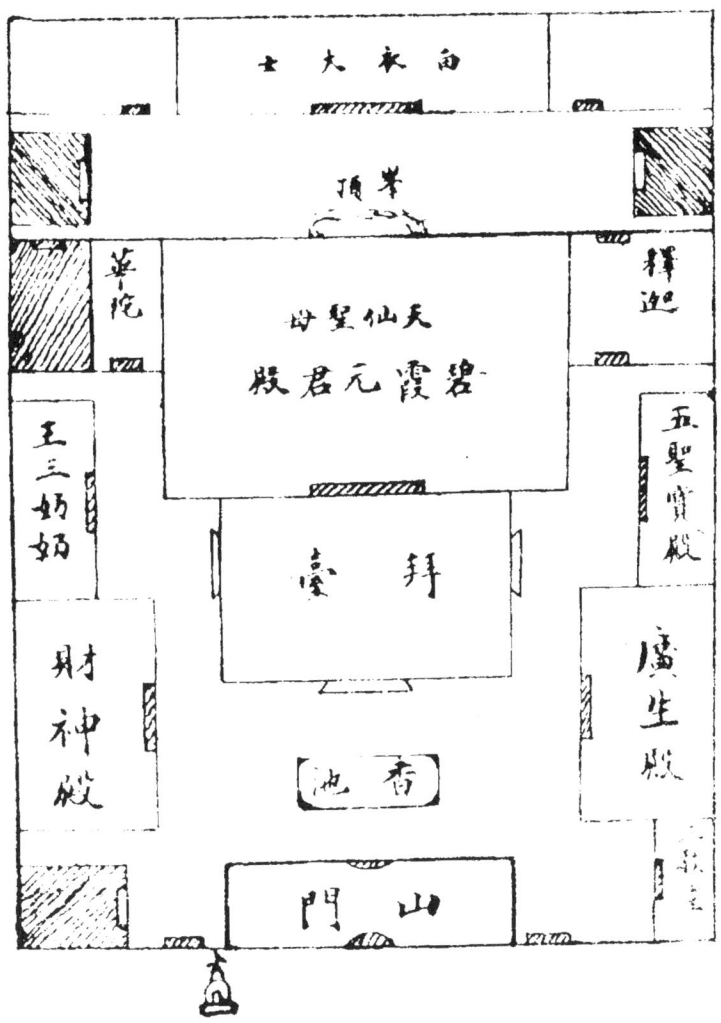

图5-2-5：《妙峰山指南》所绘娘娘庙全图[24]

169

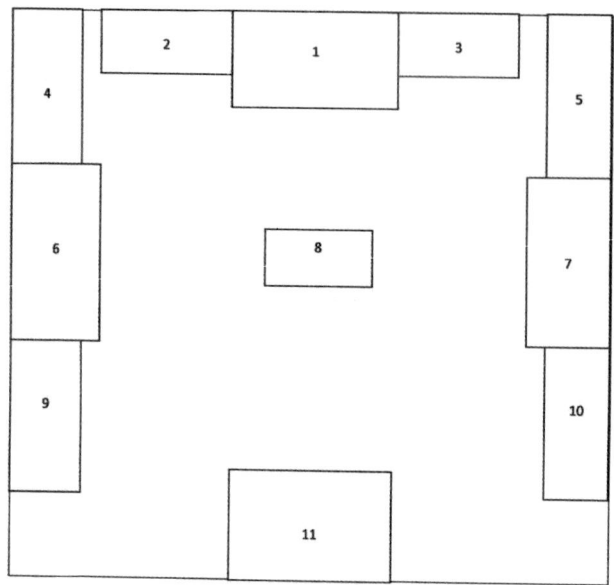

图5-2-6：当前妙峰山惠济祠殿宇略图㉕
1.灵感宫 2.药王殿 3.地藏殿 4.王三奶奶殿 5.月老殿 6.文昌殿 7.观音殿
8.香池 9.法物商店 10.三教堂 11.山门殿

[注释]

① (清)潘荣陛、富察敦崇等：《帝京岁时纪胜 燕京岁时记》，北京古籍出版社1981年版，第62—63页。

② [美]韩书瑞：《北京妙峰山的进香之旅：宗教组织与圣地》，载《妙峰山：北京民间社会的历史变迁》附录，人民出版社2006年版，第303页。

③ 顾颉刚：《妙峰山进香杂记》，载顾颉刚编著《妙峰山》，上海科学技术文献出版社2014年版，第176页。

④ 周振鹤：《王三奶奶》，载李文海编《民国时期社会调查丛编·二编（宗教民俗卷）》(上)，福建教育出版社2014年版，第282页。

⑤ 关于王三奶奶的来历，研究和传说都有很多，本文采用的主要是妙峰山景区的说法。

⑥ "四大门"指的是胡门（狐狸）、黄门（黄鼠狼）、白门（刺猬）和柳门（也称常门，蛇），这是中国北方地区很重要的一种民

俗宗教。在北京民间、河北、天津、山西、山东、河南以及东北等地比较盛行。

⑦ 李慰祖著，周星补编：《四大门》，北京大学出版社2011年版，第25页。

⑧ 李慰祖著，周星补编：《四大门》，北京大学出版社2011年版，第64页。

⑨ 李俊领、丁芮：《近代北京的四大门信仰三题》，《民俗研究》2014年第1期。

⑩ 参考李俊领《王三奶奶与近代华北泰山信仰三题》，《泰山学院学报》2018年第1期。

⑪ 在寺院、道观等宗教场所，买香不能直接说"买"，必须说是"请"，佛像亦如此。

⑫（明）许仲琳：《封神演义》，崇文书局2018年版，第714页。

⑬ 妙峰山景区对藏传五路财神的简介。

⑭ 参考妙峰山景区内对大智钟的介绍。

⑮ 关于此事的详细情况，可参考张成福《庙会重建中的文化生产——以妙峰山传说为分析个案》，《民俗研究》2005年第3期。

⑯ 包世轩编著：《妙峰山庙会》（上），北京美术摄影出版社2014年版，第77页。

⑰ 包世轩编著：《妙峰山庙会》（下），北京美术摄影出版社2014年版，第257页。

⑱ 王悉源：《妙峰山庙宇布局与神灵体系的变迁》，《民间文化论坛》2015年第4期。

⑲ 参考李华伟《非物质文化遗产对妙峰山庙会之影响——以妙峰山庙会申报非遗前后的活动为中心》，《民间文化论坛》2014年第6期。

⑳ 包世轩编著：《妙峰山庙会》（下），北京美术摄影出版社2014年版，第286页。

㉑ 王悉源：《妙峰山庙宇布局与神灵体系的变迁》，《民间文化论坛》2015年第4期。

㉒（清）潘荣陛、富察敦崇等：《帝京岁时纪胜 燕京岁时记》，北京古籍出版社1981年版，第58页。

㉓ 顾颉刚编著：《妙峰山》，上海科学技术文献出版社2014年版，第131—132页。

㉔ 金禅雨编辑：《妙峰山指南》扉页，名胜导游社1936年版。

㉕ 本文作者绘。

# 第六章 妙峰山的香客与香道

## 第一节　妙峰山的香客

在京城诸多庙会中，妙峰山庙会独以其香会闻名，据传在鼎盛时期，每年到这里进香的香会达400多个。每年农历四月初一至十五，来自全国各地的数十万善男信女、几百档民间花会汇聚妙峰山，朝顶进香、献艺酬神、施粥布茶，场面之壮观，信众之虔诚，实属罕见。

### 一、朝顶进香

妙峰山庙会之盛况，在清代和民国的很多著作中都有记载。庙会期间，各条香道及妙峰山顶都是人流如织。"自始迄终，继昼以夜，人无停趾，香无断烟。"[①]不少香客围着黄头巾或者戴着有"朝顶进香"字样的帽子，身背送给娘娘的元宝、香烛等供品（钱粮），或独身，或结伴，行走在西山蜿蜒的山道上。城内的富人显贵们则坐车、骑马先到三家店、聂各庄、北安河等地，然后再坐山轿（爬山虎）上山，并另雇山民替他们背着香烛等行李。农历四月正值暮春，但京郊山区气温较低，此时则春意正浓，西山一带林木茂盛，山花盛开，景色宜人，正是登山游览的好时节。香客们在信仰的激励下，边行走边欣赏着沿途的风景，累了饿了还有诸多

图6-1-1：现代进香者（2012年）

图6-1-2：传统进香者铜像（妙峰山香会博物馆院内）

茶棚可以停下歇歇脚，并且免费提供茶、粥、馒头等饮食，条件好的茶棚还可以中途住一宿，进香活动算是一次愉快的郊游。正如当年顾颉刚等人进山时所看到的："香客有背着大捆高香的；有给别人担着行李的；有不少缠足的妇女一步一步的上山，虽有倦容，而仍勇敢前进的；有回香的香客在肩舆里垂头打盹的；有为亲人还愿，身穿红衣，三步一头或一步一头磕上山顶的；有年轻富足的妇女磕头上山，后面跟着几个护兵的。"② 而自山上归来的人，则"或乘车，或徒步，三五成群，歌笑雍容。每人手中

图6-1-3：戴福还家 1924—1927年 西德尼·戴维·甘博摄③

均持桃木杖一，各色纸花插戴满头，女人则以鲜艳布包头，亦满插花，与鞭丝蓬影互相照应"④。往来香客，凡上山者，互相之间必道："虔诚！虔诚！"下山者，则道："您戴福还家！"大家都为同一目的而来，怀着"普结善缘"的想法，一般都很隐忍和善，极少有发生口角的，即使偶然被冒犯，对方一句"虔诚"，一切不快都烟消云散了。

我国现代著名民间文艺学家李家瑞先生的辑《北平风俗类征》记述了多人对妙峰山庙会及香客的描写，如：

《壶天录》载：京师西有妙峰山，绵亘数千里，高不可以寻丈计。山腰有庙，路极纡徐。由南而上，计四十里。庙貌巍峨，金碧辉映。庙供天仙圣母，灵应素著，上而王公，下而市庶，奉之甚虔。每岁四月朔日开庙，望日始闭，半月中进香者，西直门起，终海淀，南至大觉寺，数十里车殆马烦，络绎不绝。山上之路有二：北道距庙较近，径逼仄，下临无际，自上而下，壁立千仞，步履固难。由上而下，临崖勒马，收束尤不易，偶一失足，粉首碎身。土人以轿椅便客，四人舁之以行，时亦有倾跌之患，然男女老少，来往不息者，故不畏也。

其南道则途坦而远，相距五六里即有茶棚小憩。所由上下，而至磨刀石，而双龙岭，而鲜花洞，而大风口，而磕头岭，无不有茶棚瀹茗焉。棚内庄严宝相，磬声清越，凡想顿消。过此睹庙门，路仍缭曲，往复不可以一蹴几，檀烟缭绕，楮帛满积庭除，香客皆屏足息气，无敢少哗云。

《天咫偶闻》载：京北妙峰山，香火之盛闻天下。陈文伯《颐道堂集》中有诗咏之。山有碧霞元君祠，俗称"娘娘庙"。岁以四月朔开山，至二十八封山，环畿三百里间奔走络绎，方轨叠迹，日夜不止。好事者联朋结党，沿路支棚结彩，盛供张之具，谓之茶棚，以待行人少息。食肆亦设棚待客，以牟厚利。车夫脚子，竟日奔驰，得利倍他日。无赖子又结对扮杂剧社火，谓之赶会。不肖子弟，多轻服挟妓而往。山中人以麦秸织玩具卖之，去者辄悬满车旁而归，以炫世人。

《京都风俗志》载：四月初一至十五日，京西妙峰山娘娘庙，男女答赛拈香者，一路不断。由德胜门外迤西松林闸东，搭盖茶棚，以达山上，曲折百余里。沿途茶棚凡十数处，其棚内供奉神像，悬挂旗幡，花红绫彩，外列牌棍旌钺。昼则施茶，夜则施粥，以备往来香客之饮。灯烛香火，日夜不休。助善人等于焚香献供时，或八人，或六人、四人，皆手提长绳大锣，约重数十斤，以小棒击之，其音如钟，声闻远近，在神前起站跪拜，便捷自若，其式同仪，其音同节，亦彼之小技也。

至于施粥茶之际，数人同声高唱"虔诚太们，落座喝茶喝粥"等辞，与钟磬之声，远闻数里，以令香客知所憩息。而香客多有裹粮登山，不但粥茶憩息得所，及遇风雨，亦资休避。其豪富者，乘车至山下，则易二人肩椅，谓之"爬山虎"。夜间灯笼火炬，照耀山谷。城内诸般歌舞之会，必于此月登山酬赛，谓之"朝顶进香"。如开路、秧歌、太少狮、五虎棍、杠箱等会。其开路以数人扮，蓬头涂面，赤脊舞叉。秧歌以数人

图6-1-4：香客排队领馒头

扮陀头、渔翁、樵夫、渔婆、公子等相,配以腰鼓手锣,足蹬竖木,谓之"高脚秧歌"。太少狮以一人举狮头在前,一人在后为狮尾,上遮阔布,彩色绒线,如狮背皮毛状,二人套彩裤作狮腿,前直立,后偻伛,舞动如生,有滚球戏水等名目。五虎棍以数人扮宋祖、郑恩等相,舞棍如飞,分合中式。其杠箱,一人扮幞头玉带横跨杠上,以二人肩抬之,好事者拦路问难,则谑浪判语,以致众人欢笑。凡此等会以曾经朝顶者为贵。

此外西直门外斗府闸之万寿寺、五塔寺等,及西山中碧云诸禅林名刹者,亦同时拈香,游人麇集于山水林木间,实京都一巨观也。⑤

这些香客都怀着极为虔诚之心前来朝庙,有很多还是为了还愿,甚至是家中有了病人以后来还大愿,"神前一炷香几叩首,便可了却心愿"。当时有首竹枝词《都门杂咏妙峰山》对此有生动描写:"还愿西山去进香,人疑孝子为高堂。神前祷告低声语,却是娇妻病在床。"还愿尤其是还大愿考验的是香客的虔诚,常常会通

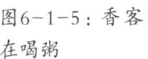
图6-1-5:香客在喝粥

过一些特殊的、自虐式的苦行方式来进行，也是对香客意志的自我考验。民俗学家金受申在20世纪30年代曾在北京《立言画刊》开辟"北京通"专栏，他对上妙峰山还愿的香客也有细致介绍："进香信士全目不斜视，有的行一步一叩头，或三步五步一叩首，真有由百数里外叩了来的；有的由山下背上鞍子，爬四十里忽上忽下的山路的；有的则戴全份铐镣，穿罪衣罪裙扮成罪人的。都自苦肉身，都各有心愿，各了心愿。即或许了愿而不能朝顶进香的，或在家向山焚香礼拜，或由香烛店购买檀香木牌（木牌作长方形，上两尖切坡，分大小三等），写好姓名和不能朝山缘故，托人掷于庙中香炉内，也是各了一番心愿。"⑥

向神求愿及还愿是中国信众最基本的信仰方式之一，人们希望借助神灵的力量使自己的愿望得以实现，在未及实现时，向神灵许诺一定的酬谢条件，即为许愿。而一旦愿望得以实现，则一定要完成自己曾经许诺的酬谢，即为还愿。还愿酬谢的内容以向庙内或神像奉献居多，如捐钱修庙、塑像、献供、送锦旗匾额、立碑、请戏、做法事等，还有的酬谢内容是做公益为大众服务，如补路、修桥、舍粥饭衣物救助孤残等，另有一种是"自苦肉身"的酬谢方式，如食素、背鞍、滚砖、跪拜磕长头等。而如果不遵守承诺去还愿，则要遭受"报应"，因为这是对神食言了，是不诚实的行为。人们将"诚实守信"的准则用于神人关系上，实际上是对自身的一个约束，同时也更加强了对神的信仰。正如民俗学者岳永逸所言：

> 许愿、还愿的"愿"有着双重的含义：一是指香客乞求神灵帮助自己要实现的那种"愿望"；其二是当实现这种愿望时，许诺给神灵什么样的酬谢，这可称之为"愿心"。一般而言，在许愿和还愿两种表达和动作中，"愿"的这两层含义都有，但许愿的"愿"更强调第一层意思，而还愿的"愿"更突出第二层含义，对同一个香客而言，许愿与还愿常常是线性排列，

按时间的先后顺序发生的。当然，发生的前提是相信神灵的灵验和愿望能够实现。⑦

## 二、还大愿

在妙峰山进香的香道上，有一些"自苦肉身"来许愿、还愿的香客，这些主要是为家中父母长辈有重疾而行的"大愿"，己身由父母而来，自己为父母求得平安是尽孝，而孩子生病则不能采用这样的"大愿"，因为孩子承受不起父母为自己舍身受苦。所以，如果听闻某人为妻儿病疾而行大愿则会受到众人鄙视。具体说来，这些还大愿的方式主要有以下几种。

### （一）背鞍

背鞍又称爬香，"身伏于地，背负马鞍，上系红绳，紧扎娘娘码及钱粮一份，口衔红绳做缰，伏地膝行登山"⑧。进香者匍匐在地，肘部和膝盖都绑上鞋底，身背马鞍，鞍上驮着娘娘码（代表娘娘的"驾位"）和送给娘娘的供品，嘴上戴着笼头，旁边有人用红色的缰绳牵着，从山下一路爬行至金顶，意思是为了能求所愿，甘为娘娘做牛做马。沿途有香客会将此告知前方茶棚，茶棚有救助这些还大愿人的义务，就会派人事先准备好糖粥到百步以外恭迎，同时命四人敲钟击磬，以示欢迎。另有四名青壮小伙拿白布单子兜住其胳膊、腿，肩扛送往下一茶棚方向，表示替娘娘救他。到达金顶娘娘驾前，驻守这里为娘娘守驾的金峰

图6-1-6：背鞍者　1924—1927年　西德尼·戴维·甘博摄

普照燃灯老会会首或者守庙的和尚会说"你为老娘娘许愿，功德圆满，老娘娘让你变回人形"诸如此类的话，即代表娘娘赦免其罪。这样，背鞍者就会从地上爬起来，取掉马鞍、笼头、鞋底等，然后向娘娘磕头，并烧掉娘娘码及钱粮供品等。这样算是了了愿。⑨

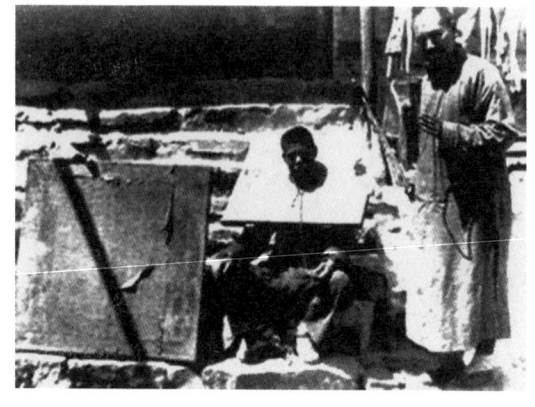

图6-1-7：戴"镯铐"行大愿者 1924—1927年 西德尼·戴维·甘博摄

### （二）滚砖

香客手持一块砖，进山还愿时，翻动一次砖，就磕一次头，像丈量路程一样，从山下翻到山顶。路遇茶棚也会给予救助，为使其少受苦，茶棚中人就会故意将其砖头尽力扔向远处，这样他就追着砖头去，可以少磕几个头，如此三番，助其早点到山顶。《妙峰山指南》中载：滚砖"形式略与背鞍同，仅不背鞍而已。砖上书病者之名，其子弟伏地做马行，随走将砖滚上山去，此类拜香者多因病者年事过高不良于行，故许此愿"。⑩这是晚辈替家中病重而无法前来进香的长辈行愿。翻砖的意义据说有两种，一是取其"专心致志"之意，表示对娘娘的忠心；二是表达"翻转"之意，即祈求娘娘保佑其转好运。⑪

### （三）镯铐

即披枷戴锁，有的香客把自己打扮成犯人，身穿红色囚服，头戴枷锁或手戴手铐，脚锁镣铐，铁链一步一响动，从山底一直到金顶，表示向妙峰娘娘"领罪"，请求宽恕。《妙峰山指南》言："身着罪衣罪裙（红色）与犯人相同，亦全份手镯脚镣，起点多自海甸或北安河及涧沟等处。"⑫

## （四）悬灯挂炉

或称提灯挂炉，"悬灯在左右腕下，穿皮挂灯。腰间置两叉以支双灯。以上两种，当插箭悬灯时，必须由茶棚内手术高超、老于经验之老都管，方可称职，否则其痛苦实难堪也"[13]。即用绳子把点燃的灯笼穿过皮肉挂在双手手腕上，腰间支两根叉用以支撑双臂，双手平举着上山，此谓悬灯。挂炉与之类似，把点着盘香的香炉穿过皮肉挂在双手手腕上。遇见这种香客，茶棚里的人会取一个木架子，一端架在其双臂上，另一端则支在其腰上，以减少其痛苦。[14] 一般而言，这种悬灯挂炉的进香方式最为艰难。顾颉刚就曾见到过这样的挂炉会单，上面写着"双臂提炉，十年海愿，挂匾了愿"，落款是"西便门内费景瑞参拜"[15]。这是家住西便门内的香客费景瑞许了十年的大愿，可见是为着家中重大之事。

## （五）拜香

以这种方式还愿的香客从头道茶棚或者进山的地方如北安河等，或者是涧沟村开始，采取一步一叩首或者是三步、五步、七步一叩首的方式参顶。遇到这样的拜香者，茶棚里的人也要救助，他们事先将一块跪垫放置在他身边，然后道一声"您多虔诚"，再把跪垫使劲扔向前方，按照规矩，拜香者必须跪在跪垫上磕头才行，于是他就得追着跪垫往前跑，直至追上以后再跪在上面磕头，中间追赶跪垫这段路程就无须磕头了，也等于变相减轻其劳苦。

## （六）耳箭

这种方式"如古军中犯罪者插箭游营也，法于短箭插于耳骨上，使直立，有一支有两支者不等"[16]。就是模仿古时候对违反军规的人实行插箭游营的惩罚措施，在耳骨上插一支或两支短箭，自山下至山顶一直保持直立姿势不变。

各文武香会途中遇见这些行大愿的香客，均要停止活动，让其先行；普通香客遇见此行大愿之人，也会让其先行，以示尊重。沿途各茶棚对其进行救助，则是对其行为的莫大肯定，因为一般行大愿都是为了父母长辈的身体健康，因此这也体现出中国社会对"孝"这一基本价值理念的遵守与倡导。在人们的观念中，行大愿这种方式是以自身肉体的苦来彰显对娘娘的虔诚，行为越夸张，表明信心越坚定，而自己的愿望似乎也越能得到娘娘的重视因而得以实现。

虽然在整个进香过程中，这样自虐式的还大愿香客只是极少数，但是"那些令人鼓舞的典型，精疲力竭地走向金顶的人将获得其他香客特别的尊敬。肉体上明显的痛苦被视为赢得娘娘回应的代价和保证，它成为碧霞元君力量的象征，是神人交流的中介。他们以极端的行为显示出理想信徒所具有的态度：真诚、奉献、坚忍、全心全意、感恩戴德"[17]。

## 三、基于信仰的进香秩序

当然，香客中也有一些并不是这么虔诚进香的，他们或者是为了赏春，或者仅仅是凑热闹，关璞田先生对此有生动的描写："请看那女香客，洋绉绢子包头，满排绒球儿玻璃镜儿，身上霞缎花丝葛，特意露出花汗巾来，在车辕上一跨，东瞧西望，得意洋洋，

图6-1-8：香会进香途中　1924—1927年　西德尼·戴维·甘博摄

第六章 妙峰山的香客与香道

图6-1-9：手持拨子的香会会首　1924—1927年　西德尼·戴维·甘博摄

从旁边一过，喷鼻儿的香。再看那男香客，真的为上山，多费点子板儿油玉容油的，特意打扮得风流标致，三五成群，摇头晃脑，说说笑笑。"[18]借进香之名来游春，把自己打扮得花枝招展，风流标致，故意"招蜂引蝶"，眉目传情，这在真正虔诚的信众看来是很不以为然的。但是相比较其他地方的一些民间"淫祀"庙会，妙峰山的庙会还是比较规范的，大家基于对老娘娘的信仰，虽说有少数不够虔诚、别有目的的"假香客"，但慑于其他香客的虔诚态度，他们也不敢有太出格的行为，不至于像其他庙会那样"男女杂沓，不下万余人。其间窥探争闹，饮酒逞凶，靡所不至"[19]，甚至"无赖之徒云集，乘机赌博，甚至斗杀淫盗，争讼由之起"[20]。

前文已经提及，向神求愿及还愿是中国信众最基本的信仰诉求，李景汉先生1925年的调查中，来妙峰山的香客，"以来的目的而分类，为父母亲人疾病还愿而来的占百分之二三十；为灾难、疾病、贫穷、无子、忧苦而来求圣母解难的占百分之五六十；为香会而来的占百分之一二十；为游览山水而来的不过百分之一二"。[21] 正是因为进香者大都是带着愿求之心，怀着虔诚的态度前来，所以也会自觉地约束自己的行为。"人人都是极其诚恳，没有发现一次不规矩的行为；与平常所见的庙会大不相同。"[22] 而且各进香香会都有比较严格的会规，如"普兴万缘净道圣会"的会启写道："本把人等不准拥挤喧哗玩戏，亦不准沿路摘取花果，以及食荤饮酒，一概禁止。人多，饮酒不免有乱性妄为，口角淫词等事情。……恐其有失善道，不成体制。如不遵约束者除名不算。"[23] 金勋在《妙峰山志》中亦提到："在妙峰山灵感宫，有三百年建设之历史，道

185

路茶棚都有美好的成绩,与各项香会组织最完备之会规,虽然不是国家法律,但各会众心存信仰,皆以触犯规则为最耻,开山之日各路景象一新,香客热烈团结,互相亲爱,欢声载道,虔诚带福还家之词不绝于耳。真有同作佛国民之概。"[24] 在信仰力量的约束之下,香客们大都能够比较自觉地遵守社会公序,维持比较良好的进香秩序。这也是妙峰山庙会得以名声远扬的重要因素吧!

### 四、天津的香客

妙峰山的香客有一些来自天津。天津香客主要是朝拜王三奶奶的,虽然天津距离妙峰山路途遥远,但为了表示虔诚,他们不顾车马劳顿,义无反顾前来进香,老北道和中北道上很多气派的茶棚都是天津人所建。为了去一次妙峰山,有的天津香客自三月底便斋沐上香,提前准备。先要预备好香牌子,香牌子是用木头制作的小牌子,相当于小牌位,有固定的书写格式,牌子中间大字

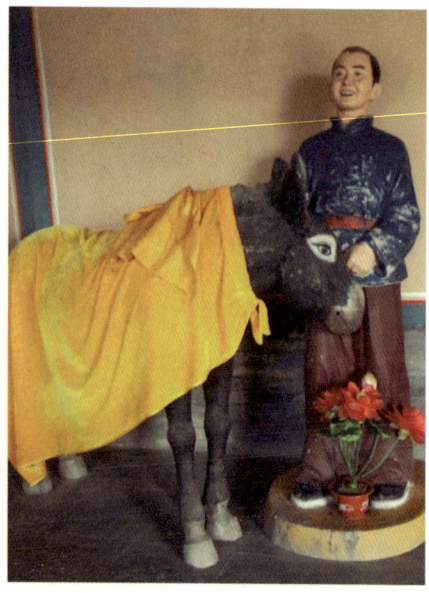

图6-1-10:天泰山慈善寺王三奶奶像　　图6-1-11:天泰山慈善寺王三奶奶的坐骑黑毛驴

写"金顶妙峰山王三奶奶之灵位",旁边小字落款"香客 某某某",一般卖香牌子的会先把名字这里空出来,让购买的人回家自行填写,谁去就填写谁的名字。当时街上稍大一点的杂货铺里都有卖这种香牌子的。写好的香牌子可以自己带去妙峰山,如果无法亲自前往,也可以请别人带去,称为"带香"。当时天津让人带香的情况非常普遍,毕竟路途遥远,进一次香颇费周折,来回一次需要半个月时间,且费资不少。有时街坊邻居或亲朋好友间选几个代表去,那些无法前行之人提前把香牌子准备好,委托他们送到妙峰山。天津朝顶的香客常把香牌子挂在衣服大襟的绊子上,有时候需要带香的比较多,甚至会整个衣服胸前都挂满香牌子,煞是好看。上山后,把这些香牌子搁在王三奶奶的神像前,就算功德圆满。当时有描写天津香客的竹枝词——《天津竹枝词》写道:"夏初忙里且偷闲,各秉虔诚将愿还。车水马龙人似蚁,去朝金顶妙峰山。"还有一首冯向田的《丙寅天津竹枝词》描写也很生动:"蓬头跣足状如狂,村妇虔心烧拜香,娇喘吁吁行不得,可怪一步一踉跄。"

当时天津香客去妙峰山还有一个任务就是"灿茶叶",最简单的办法就是将买来的茶叶放到王三奶奶像前供上一会儿,再拿回家,人们认为这样做就等于茶叶被王三奶奶加持了,沾了神气,能治百病。还有一种较为复杂的方法是把茶叶包打开,放在王三奶奶神像前,香客则先拈香叩拜王三奶奶,然后再把点燃的香倾斜在茶叶包上反复转动,使香灰落在茶叶上,这样掺了香灰的茶叶也被认为具有王三奶奶的神力,能治百病。"灿茶叶"习俗甚至带火了天津茶叶庄的生意,据说每逢妙峰山庙会期间,天津老字号茶叶庄——正兴德茶庄的茶叶销量就会大增,一个月销量抵过一年。

## 第二节　妙峰山香道

　　妙峰山庙会香火兴盛已经持续近400年,20世纪30年代以后,虽然由于战争、政策等原因中断了近半个世纪,但是自20世纪八九十年代重新恢复以后,其香火之盛不减以前,而且似乎更旺。同时,新时期妙峰山庙会不仅吸引了大批香客、香会前来进香,而且更是吸引了众多民俗研究学者对其进行民俗学、社会学解读,几十年来,有关妙峰山庙会及其相关民俗信仰研究已经成为中国民俗学中的一个重要课题,每年庙会期间,都会有大批专家学者以及民俗学方向的学生前来考察调研,并出版了诸多著作。妙峰山作为供奉碧霞元君的综合性庙宇,这里既不是碧霞元君的祖庙,也不是像其他大的庙宇那样经过了历代皇帝的多次敕封和亲临,仅仅是在清代晚期才有三块太后御赐的匾额。历代皇帝均未亲临过这里,虽有传言慈禧太后曾两次前来进香,但也仅仅是妙峰山景区和香客之间的"传说",只见于个别碑文和笔记野史,

图6-2-1:古香道上的老松树

在清代的正史中并未见记载。这样一个原本地位不高、名不见经传且远离京城、交通极为不便的民间小庙，缘何在近现代以来能得到如此厚爱，成为目前中国最著名的庙宇之一，而且其庙会也业已成为国内最著名的庙会，也是被学界研究最多的庙会？究其原因，恐怕还是有诸多因素在其中，在民俗学诸多庙会研究对象中，妙峰山庙会可谓是占尽了天时、地利和人和的先机，这是其他任何庙会都无法比拟的。我们可以先从妙峰山的香道开始研究。

研究妙峰山庙会，其香道是无法避开的重要内容。我国境内有数不清的庙会，其物理空间一般都局限于庙宇内部及其周围，但妙峰山庙会则比较特殊，其物理空间是"大顶+香道"，"大顶"即金顶娘娘庙，"香道"则是指香客们朝顶进香的诸条道路，旧时妙峰山庙会涵盖的物理空间远远大于妙峰山顶这片小小的庙宇群，其进香行动实际上从城内就已经开始了。

妙峰山远离京城，旧时香客上山进香，从城内或者其他地方到达西山脚下以后，还必须攀越20多公里的崎岖山路才能到达金顶娘娘庙。庙会期间往往有来自北京、天津、河北等地的数十万香

图6-2-2：坐山轿进香的香客 1924—1927年
西德尼·戴维·甘博摄

图6-2-3：现代的山轿

图6-2-4：妙峰古道牌楼　胡翔摄

客前来进香，自北京城内和京城南郊、北郊以及河北怀来、涿鹿等地上山进香的道路有多条，清末民初满人奉宽先生所著《妙峰山琐记》记载，旧时妙峰山庙会每年有两次：一是农历四月初一至四月十五的春会，人数最多，最为热闹，沿京畿三百余里前来上香的人络绎不绝，光绪初年，沿途各香道行宫茶棚达90余所，香会社火200余起；二是秋会，自农历七月二十五至八月初一，正值盛夏，气候多雨且闷热，所以只有附近的山民会来报赛，远处来的人很少，热闹程度远不及春会。常华所著《妙峰香道考察记》，对比考察了古香道及香道上的茶棚、庙宇的历史及现状。

自京城内进香多是从德胜门、西直门、西便门等城门出城。德胜门外月墙之西有一松林闸（俗称乡闸），妙峰山庙会期间，在松林闸以东几十步远的地方设有茶棚，为香客提供粥、茶等补给，这是出城门后的第一座茶棚，城内的一些人如果无法前往妙峰山顶进香，往往在此茶棚处"望祭"，称作"顺香"。城内的社火香会，也时常要在这第一座茶棚处献技表演，所以这里的香客比较

图6-2-5：西观庵　胡翔摄　　　　　图6-2-6：从阳台山古道俯瞰凤凰岭　胡翔摄

多，以至于城内在阜成门、宣武门、西直门附近居住的香客，也常常绕道这里出城进香。早先，人们进香往往是出德胜门，取道圆明园东北、树村一带，所以这条道最为繁盛。后来，淀园石道重修，道路更加通畅，人们进香可以不必再绕道德胜门，而是从西直门出城向西直奔海淀，再从海淀西部或者西北部进山。而德胜门外松林闸畔的茶棚香客就日渐稀少了。

自北京城及南郊、北郊去妙峰山的香道有五条，分别是南道、中南道、中道、中北道和北道。中南道从门头沟的灰峪村开始，途经仙人洞、大石子、六郎塔、马刨泉到涧沟村，由于这条道山路崎岖陡峭，较为难走，故走此道的香客极少，久已废弃。因此主要的香道就是另外四条。南道是从三家店入山，中道从大觉寺入山，中北道是从北安河方向入山，北道则是从聂各庄方向入山。这四条道路中，"南道山景幽胜，中道、北道亦佳，中北道次之。以道里计，则中道最近，中北道稍远，北道又远，南道最远"[25]。此外，还有自妙峰山大岭以西进山的所谓西道，也称后山道、岭西道，走这条道的一般都是附近村落的香客，河北怀来、涿鹿等地的香客一般也走西道，由于这条道与外界香会联系不多，故对它的记述也比较少。西道有两条，一条从下苇甸经水花峪、上苇甸、清风庵、十八盘、跨拉鞍、大云寺到金顶，全程20余里；另一条从下苇甸经担礼、桃园到达金顶。下苇甸开山老会是妙峰山四大守山会之一，每年庙会期间他们自西道进山，在灵官殿以西的滑石丬开设茶棚，而下苇甸村和上苇甸村内也均设有茶棚。[26]民国时期，常有高官的家眷前来进香，她们也时常捐助修庙或者修路。如张勋的如夫人曾捐钱重修回香阁，曹锟太太也曾捐资一万元修筑从三家店到妙峰山的马路等。

## 一、南道

城内的人走南道通常是从阜成门出城，沿着二里沟方向，经过钓鱼台、八里庄、田村、西黄村、模式口、高井、五里坨一线，到达门头沟三家店村，共48里，然后从这里进山。三家店村位于京西古道永定河出官厅山峡进入平原的出山口，有一古渡口，是连接京城和西山的京西门户，数条古道交会于此，是明清时期京西重要的物资交易地，村中店铺林立，并建有关帝庙铁锚寺、三官庙、龙王庙、马王庙、二郎庙、树神庙、白衣观音庵等庙宇。妙峰山庙会期间，三家店有多座行宫、茶棚，是妙峰山香道中最主要的一条。据民国时金禅雨所编《妙峰山指南》记载，南道路线为三家店（2里）—琉璃渠（渡浑河，4里）—攒子沟观音院—龙泉务（6里）—西北涧—十八盘望山（5里）—大水泉（5里）—桃园（2里）—南庄（2里）—樱桃

图6-2-7：西北涧茶棚 1924—1927年 西德尼·戴维·甘博摄

沟（3里）—孟尝岭（4里）—涧沟（2里）—妙峰金顶，全程46里。[27] 南道平原及浅山缓坡路段较多，适合车马通行，所以尽管这条道路距离最远，但香客最多，城里的富贵人家和城南的香客多从此道进香。清末，随着京门公路及京门铁路的开通，自西直门可以坐火车直达三家店、野溪、丁家滩等站，然后再从这里进山，会方便很多。中华人民共和国成立以后，城内开通了到担礼村、涧沟村的公交路线，而涧沟村也修了到妙峰山顶的盘山公路，这样无论是公交还是自驾车，都可以很方便地到达山顶。据《妙峰香道考察记》载，旧时，此道途经10个茶棚，依次为：西北涧、桃园、南庄、樱桃沟、兴隆十八盘、水泉降香会、诚献白米粥会、仰山药王殿香老会、香风岭、引香亭。

## 二、中道

中道自海淀北安河乡徐各庄大觉寺进山，这条道是所有香道中最短的一条，但道路比较崎岖难行，往昔轿夫们都愿意从中道就

图6-2-8：贵子港茶棚所用大钵

图6-2-9：大觉寺　胡翔摄

近下山，为着安全考虑，香客们则多不选此道。据传，慈禧太后第一次到妙峰山进香之前，大太监安德海曾对此路进行修整，以方便慈禧上下山。慈禧第二次上山则是自中北道走的。中道沿大觉寺上行，过涧桥、栗子峪等，途中经过最险要的"三百六十胳膊肘"，过冷风口、萝卜地、五道岭到涧沟村，自此至山顶。据《妙峰香道考察记》载，旧时中道途经10个茶棚，依次为：关帝庙、栗子台、寨儿（尔）峪、上平台、萝卜地、松棚、三岔涧、回香亭、菩萨殿、喜神殿。

## 三、老北道

老北道从海淀北安河乡以北的聂各庄起，途经车耳营、龙泉寺、瑞云寺、双泉行宫、磨镰石河、双龙岭、大风口、磕头岭、贵子港、涧沟村到娘娘庙。这条道建于清康熙年间，在嘉庆、道光时又进行过修整。清末京张铁路开通以后，来自河北、天津以

图6-2-10：妙峰古道寨尔峪茶棚遗址 胡翔摄

及北京城内的许多香客，从西直门乘火车到沙河，然后再换乘马车或者骑驴到达聂各庄，由此登山。这条香道"相距五六里，即有茶棚小憩，所由上下，而至磨刀石，而双龙岭，而鲜花洞，而大风口，而磕头岭，无不有茶棚瀹茗焉。棚内供庄严宝相，磬声清越，凡想顿消。过此，睹庙门，路仍缭曲，往复不可以一蹴几，檀烟缭绕，楮帛满积庭除。香客皆屏足息气，无敢少哗云"[28]。由于天津的香客多走这条道，而天津在清末民初作为通商口岸和京杭大运河码头，商业发达，所以天津的香会一般都比北京的香会更加阔气有钱，他们为此香道捐献了不少汽灯，而其他的香道则都是煤油灯或者灯笼。在香会期间，入夜时分各香道路灯闪亮，但老北道往往比其他香道更加明亮、气派，这也成为当时人们一直津津乐道的事情。当年顾颉刚曾抄下天津公善汽灯会的会启，上面写有"老北道历年沿路所点汽灯，所有一切资费，皆由本会自行筹备""不敛不化，并无知单"等内容，可见该会之实力雄厚。此外，还有天津阖郡路灯会亦参与此事。[29]顾颉刚对此评述道："天津是商业中心，商人是有钱的，所以他们在香市中最占势力，送茶馒头，点燃煤油灯汽油灯的非常多。北京方面是完全由于捐款……他们没有天津人的阔，也没有庄稼人的稳。单就捐到的钱开销。"㉚

据《妙峰香道考察记》载，旧时老北道途经8个茶棚，依次为老爷殿、车耳营、磨镰石河、双龙岭、花儿洞、大风口、磕头岭、贵子港。老北道的茶棚主要也是天津商人修建的，由于天津香客笃信妙峰山上的王三奶奶，所以天津人修建的茶棚中，一般都有王三奶奶陪侍碧霞元君。而且天津的茶棚比北京的茶棚修建得更加气派，派送食物方面也更为慷慨，北京的茶棚一般只舍粥、舍茶，而天津的茶棚还舍馒头，有时候还会有肉分给替人背香的小孩，这对于常年不见荤腥的穷苦孩子来说无疑是非常开心的事情。《妙峰香道考察记》中记载，在老北道磨镰石河曾有"天津磨镰石河馒首粥茶会"，舍馒头、粥、茶水。对往来香客，不管是敬神请香的，还是歇脚休息的，都热情招待，送吃送喝，绝无"看人下菜碟"之举，使每位香客都倍感亲切，香客最多的时候，一天里接待过300多人。而且当时的茶棚，凡看到给人背香的小孩，都会送馒头。㉛双龙岭也有"天津公意馒首粥茶会"在此设茶棚施粥及馒头，这里有时候还会有炖肉给背香的孩子。"大风口馍馍施茶会"是天津人在妙峰山香道上开设的最大的茶棚，这里是一座坐西朝东的三进大院，有房30余间，可供100多人食宿，院内还有供香会表演的空地，其设施及供应都比较好，不仅有馒头、粥，还提供可口的素菜给香客。磕头岭茶棚也比较大，这里有天津人设的"公议乐善社施馒首粥茶会"。

## 四、中北道

中北道自海淀北安河村开始进山，此处原有繁华集镇，自城内及城北来的香客多在此停留食宿。此道较为平缓，同治九年

图6-2-11：善来金阶　胡翔摄

图6-2-12：中北道　胡翔摄

（1870）因慈禧太后第二次上妙峰山进香，钟粹宫太监范平喜对此道进行修整，用石块砌成两米多宽的道路，此后北部香客进香多走此路。光绪十八年（1892）"素云道人"太监刘诚印会同安德海共同出资重修此道，道宽7尺，全部采用当地天然石板砌成层蹬，工程浩大，雇佣了大批民间工匠，开山架桥，异常艰巨。此项工程耗资甚多，据说每铺一块石阶就得耗银一两，因此有"金阶"之称。此道整修以后，大大方便了北部地区香客进山，成为南道公路、铁路开通之前最为重要的香道，当年顾颉刚等人去妙峰山考察也是走此道。《妙峰山琐记》载："此道坦迤整洁，高而不危，以山麓正当村市，食宿咸便，故进香者较他处独多。"㉜中北道从海淀北安河村起，经福顺寺（响塘庙）、金山寺、骆驼石、瓜打石、快活三、三瞪眼、妙儿洼、玫瑰谷、涧沟村到妙峰山，行程大约20千米，现在称之为"妙峰古香道"，是目前保存最为完整的古香道，现在时常还有游客专门自此道步行上妙峰山。《燕京岁时记》记载："进香之路日辟日多。……近日之最称繁盛者，莫如北安合（河）。人烟辐辏，车马喧阗，夜间灯火之繁，灿若列宿。以各路之人计之，共约有数十万。以金钱计之，亦约有数十万。香火之盛，实可甲于天下矣。"㉝可见此道香客之多。据《妙峰香道考察记》载，旧时中北道途经7个茶棚，依次为：清福观、响塘庙、青龙山朝阳院、金仙庵、玉仙台、瓜打石、妙尔（儿）洼。天津香会和香客走此道的也比较多，道上也有天津人设的茶棚，西出北安河街，就有"天津信意馒首会"茶棚，这是"天津西门外船户等，因遭风蒙佑，发愿公立茶棚，除施茶供客外，进香者人赠馒首二枚，回香人只供一粥"㉞。现在，在这条道的起始处，立有一牌坊，上写："四十里仙路云程于兹起步，数千年灵山圣境到此澄心。"

## 五、金顶香道

西道、南道、中南道、中道、中北道这些香道最终都会于妙

第六章 妙峰山的香客与香道

图6-2-13：金顶香道

峰山下的涧沟村，因此这里也成为登上金顶的起点。旧时，自村西到妙峰山顶有一条长约8里的古香道，庙会期间，各路香客到达涧沟村后，稍作休整，便沿金顶香道继续登顶。途中要经过灵官殿、傻佛殿等庙宇，灵官殿算是山顶娘娘庙的山门殿，所有香客与香会组织登顶前，必须先到灵官殿"报号"，然后才能继续登顶进香祭拜老娘娘，否则就会不灵验。但是20世纪80年代妙峰山顶娘娘庙重修时，一开始并未整修灵官殿与傻佛殿，而且自涧沟村东侧又修筑了到山顶的盘山公路，香客可以沿公路乘车直达山顶，一般情况下无须再从村子西侧旧香道步行登顶，所以到灵官殿"报号"的传统基本无存。近些年来虽然灵官殿及傻佛殿又得以重修开放，但除了少数专门徒步探寻旧香道的"驴友"及少数遵从传统进香礼仪的香客会从此道徒步登顶外，一般香客和香会都会选择更便捷的盘山公路登顶上山。

旧时，这些香道上都有诸多的庙宇和茶棚，庙会期间，多数庙宇也会设立茶棚供香客歇息、补给等。香道本身就构成了朝庙活

图6-2-14：茶棚前也摆起了功德箱，并且贴有微信二维码（2019年）

动的一个重要组成部分，香道上的庙宇不论什么教派，在香会期间大都会以娘娘的行宫自居，设立茶棚为香客提供各种方便，它们以这种方式为妙峰山顶"老娘娘"尽忠。而香会及香客在进香途中路过茶棚、庙宇所要遵守的种种礼节、规矩，同在金顶上拜祭老娘娘的诸种礼仪一起，共同构成了金顶进香的礼仪程序，由朝顶进香而引起的诸社会阶层共同参与的这些活动，其实已经形成了另外一个不同于现实世俗社会的临时性进香小社会，这个小社会完全打破了现有社会的阶级分层，所有的行为都围绕着"为娘娘尽忠、尽孝"这一主题，在此主题下，每个进香者无论贫贱富贵都是金顶之上老娘娘的仆人，在朝顶进香这一行为上大家都是平等的，无高低贵贱之分。朝顶活动中的诸多民俗事象更多是在香道上发生的，因此这些香道就成了妙峰山庙会不可或缺的重要组成部分。所以，研究妙峰山庙会的民俗学家，都对香道极为重视。

1925年，顾颉刚等人上山时，妙峰山的香火已经较往年衰落，进香的香会也较往年少一些，原因是听闻冯玉祥的军队要打过来，许多香客不敢再上山进香，沿途的一些茶棚也因为战乱，民众生活窘迫，原来的主持茶棚的香会无力再承担维持茶棚的费用，以至于茶棚被废弃。第二年进香期，正值奉军初打下北京，百姓人心惶惶，前去妙峰山烧香者寥寥无几。日本全面侵华战争爆发后，妙峰山庙会停办，此后这些专为朝顶进香而开辟的香道也逐渐废弛，而香道途中的茶棚、庙宇等也多数被损毁，只剩下个别残存的遗址。1995年，北京史地民俗学会专门派人历时两年多对这些古香道遗址进行仔细考察，并编纂出版了《妙峰香道考察记》一书，这些古香道重新走回人们的视野，不过，现在这些古香道遗址对于当下的妙峰山庙会而言意义已经不大，仅成为少数登山爱好者和民俗爱好者的怀旧圣地。

古香道的废弛对当下妙峰山庙会的影响是非常大的，原来庙会中的很多民俗事象实际上是在行香走会的途中发生的，绵延几十里的崎岖山道是茶棚和文会得以兴盛的最重要因素,正是在这几条朝向金顶妙峰山的崎岖香道上,各香会形成了另外一个有别于世俗社会的临时性社会场景:在这里,一切都围绕着碧霞元君信仰,世俗社会的贫贱尊卑演变为香会之间的微妙博弈,虽有为"耗财买脸,抢洋斗胜"而产生的明争暗斗,但更多的是基于虔诚信仰的包容与奉献,前来进香的人都把自己看成是碧霞元君的仆从,是为她来"当差"的,一切都以服侍好碧霞元君为准则。香客无论贵贱贫富,来到茶棚都能得到平等对待,众多香会的自觉自愿服务和施舍也体现出人们对于理想社会的追求和向往,走在这条香道上,人们可以暂时脱离现实社会的忧愁烦恼,满怀希望与期待,希望通过自己的行为来感动碧霞元君,从而能实现自己的现实愿望。可以说,在神面前人人平等。香道提供了一个基于信仰而产生的乌托邦图景,这种图景只有去妙峰山进香之时才存在,因此也就更增加了人们对于妙峰山庙会的期待与向往。然而随着香道的废弛,这种基于信仰而存在的人们自觉自愿遵守规矩的乌托邦图景已经不复存在,仅仅靠在景区内的烧香拜佛活动似乎少了很多仪式感,香会之间原来奉为圭臬的规矩、礼仪现在几无用武之地,只有少数还固守传统的香会在妙峰山景区这一小天地内坚守着过往的荣耀与尊严,他们尽可能地按照传统的会规行事,但更多新社会产生的香(花)会已完全不知会规为何物,他们朝顶进香更多的是娱乐而非基于信仰。自20世纪初至今,妙峰山庙会百年来的变化亦是社会变革在此领域内的投射与反映。

[注释]

① (清)潘荣陛、富察敦崇等:《帝京岁时纪胜 燕京岁时记》,北京古籍出版社1981年版,第62页。

② 李景汉:《妙峰山"朝顶进香"的调查》,《社会学杂志》第二卷,1925年第五、六号合刊。

③ 文中所用西德尼·戴维·甘博所摄图片,均选自《甘博摄影集(中国文化史迹)》(十五卷),浙江人民美术出版社2018年版。

④ 庄严:《妙峰山进香日记》,载顾颉刚编著《妙峰山》,上海科学技术文献出版社2014年版,第143页。

⑤ 以上均转引自包世轩《妙峰山庙会》(下),北京美术摄影出版社2014年版,第290—291页。

⑥ 李家瑞:《北平风俗类征》(上),商务印书馆1937年版,第58—59页。

⑦ 岳永逸主编:《中国节日志·妙峰山庙会》,光明日报出版社2014年版,第90—91页。

⑧ 金禅雨编辑:《妙峰山指南》,名胜导游社1936年版,第15页。

⑨ 吴效群:《妙峰山春季庙会风格研究》,《民族艺术》2009年第4期。

⑩ 金禅雨编辑:《妙峰山指南》,名胜导游社1936年版,第15页。

⑪ 吴效群:《妙峰山春季庙会风格研究》,《民族艺术》2009年第4期。

⑫ 金禅雨编辑:《妙峰山指南》,名胜导游社1936年版,第15—16页。

⑬ 金禅雨编辑:《妙峰山指南》,名胜导游社1936年版,第16页。

⑭ 吴效群:《妙峰山春季庙会风格研究》,《民族艺术》2009年第4期。

⑮ 顾颉刚:《游妙峰山杂记》,载顾颉刚编著《妙峰山》,上海科学技术文献出版社2014年版,第175页。

⑯ 金禅雨编辑:《妙峰山指南》,名胜导游社1936年版,第16页。

⑰ [美]韩书瑞:《北京妙峰山的进香之旅:宗教组织与圣地》,载《妙峰山:北京民间社会的历史变迁》附录,人民出版社2006年

版,第321页。

⑱ 关璞田:《妙峰山》,载顾颉刚编著《妙峰山》,上海科学技术文献出版社2014年版,第202—203页。

⑲《湖州府志》(五十卷)"岁时民俗""三月"引《长兴谭志》,载丁世良、赵放主编《中国地方志民俗资料汇编·华东卷》(中),书目文献出版社1995年版,第732页。

⑳ 嘉靖《广平府志》卷一六,"风俗志",转引自吴效群《妙峰山春季庙会风格研究》,《民族艺术》2009年第4期。

㉑ 李景汉:《妙峰山"朝顶进香"的调查》,《社会学杂志》第二卷,1925年第五、六号合刊。

㉒ 李景汉:《妙峰山"朝顶进香"的调查》,《社会学杂志》第二卷,1925年第五、六号合刊。

㉓ 顾颉刚:《妙峰山的香会》,载顾颉刚编著《妙峰山》,上海科学技术文献出版社2014年版,第22页。

㉔ 金勋:《妙峰山志》,手抄本,首都图书馆藏,第4页。

㉕ 奉宽:《妙峰山琐记》卷二,国立中山大学民俗学会1929年版,第21页。

㉖ 包世轩:《妙峰山庙会》(下),北京美术摄影出版社2014年版,第278页。

㉗ 金禅雨编辑:《妙峰山指南》,名胜导游社1936年版,第8页。

㉘ 李家瑞:《北平风俗类征》(上),商务印书馆1937年版,第58页。

㉙ 参考吴效群《文化的冲突与较量——北京妙峰山碧霞元君信仰与天津民众之关系》,《河南大学学报(社会科学版)》2004年第2期。

㉚ 顾颉刚:《妙峰山的香会》,载顾颉刚编著《妙峰山》,上海科学技术文献出版社2014年版,第21—22页。

㉛ 常华等:《妙峰香道考察记》,北京出版社1997年版,第17页。

㉜ 奉宽:《妙峰山琐记》卷二,国立中山大学民俗学会1929年版,第34页。

㉝ (清)潘荣陛、富察敦崇等:《帝京岁时纪胜 燕京岁时记》,北京古籍出版社1981年版,第63页。

㉞ 奉宽:《妙峰山琐记》卷二,国立中山大学民俗学会1929年版,第37页。

# 第七章 妙峰山的香会

## 第一节　香会的由来

香会是庙会的衍生物，是从"社会""社祭"发展而来的，"社"即土地神，后来又引申为祭祀土地神的地方、日子以及祭礼，"社会"即为祭祀土地神而举办的集会，自周代以来就一直存在于中国的广袤土地上。而佛教传入以后，到处塑像立庙，本土宗教道教为了与之抗衡，也到处塑像立庙，名山大川都被佛道庙宇所占据。

佛教的"行香"仪式对香会的发展也起了很大的推波助澜的作用。晋代高僧道安始创佛教念诵仪轨制度，规定了行香定座上讲之法，即讲经的礼仪制度，要求法师主持法会、升座说法时，向他燃香礼敬，此即"行香"仪式。后也泛指燃香、上香、拈香。元朝廷令百丈山德辉重辑唐代百丈怀海禅师的《敕修百丈清规·法器章·殿钟》条下载明"住持朝暮行香时"鸣钟七下。而更广泛意义上的"行香"，则是指佛事斋会中，由法师和主斋者持香炉绕行坛场中，或引导仪仗巡行街市。巡道行香的制度其实来源于古印度佛教，东晋高僧法显曾在斯里兰卡住过两年，《高僧法显传》中记述他所见到的古代斯里兰卡佛牙出行礼拜念诵（法事）的盛况云："狮子国（斯里兰卡）……佛齿常以三月中出之。……却后十日，佛齿当出至无畏山精舍，国内道俗欲植福者，各各平冶道路严饰巷陌，办众华香供养之具。……然后佛齿乃出中道而行，随路供养到无畏精舍佛堂上，道俗云集烧香燃灯，种种法事昼夜不息，满九十日乃还城内精舍。城内精舍至斋日则开门户礼敬如法。"①唐僧义净也曾记述印度那烂陀寺的礼诵情景："那烂陀寺人众殿繁，僧徒数出三千，造次难为详集。寺有八院，房有三百，但可随时当处自为礼诵。然此寺法差一能唱导师，每至晡西（下午三到五时），巡行礼赞。净人童子持杂香花，引前而去，院院悉过，殿殿皆礼。每礼拜时，高声赞叹，三颂五颂，响皆遍彻，迄乎日暮，方始言周。"②而中国佛教有关巡道行香的最早记录则是南北朝时，《南史·王僧达传》载：南朝刘宋大臣何尚之"于宅设八关斋，大集朝士，自行香"③。唐宋时期这种巡游行香制度已经非常流行。唐代张籍《送令狐尚书赴东都留守》诗云："行香暂出天桥上，巡礼常过禁殿中。"又白居易《行香归》诗云："出作行香客，归如坐夏僧。"遇国忌日，朝廷亦举行"行香"法会。

明清以来，这种行香活动逐渐影响到民间庙会中的"走会"风俗，即"社火"。无论南北庙会，均有诸多酬神赛会表演活动，

图7-1-1：西顶过会图（局部） 清 无名氏绘 中国国家博物馆藏 采自《绘画卷（风俗画）/中国国家博物馆馆藏文物研究丛书》

不仅如此，为了能够在庙会期间进香时相互照应，相熟之人往往结队前行，慢慢就形成了以朝山进香为目的的临时民间组织，庙会结束后就自行解散，后来又逐渐形成一个个进香团体，其功能也由原来的单纯进香途中结伴照应变得多样化，一些虔诚的信徒捐献财物，在庙会期间以神灵的名义向香客、社火及庙宇提供各种服务和物品，朝顶进香、行香走会的行为至迟在明代就已经出现④。明代沈榜的《宛署杂记》卷十七记载了宛平地区东岳庙香会情况："城东有古庙，祀东岳神，规制宏广，神像华丽。国朝岁时敕修，编有庙户守之。三月二十八日，俗呼为降生之辰，设有国醮，费几百金。民间每年各随其地预集近邻为香会，月敛钱若干，掌之会头。至是盛设鼓乐幡幢，头戴方寸纸，名甲马，群迎以往，妇女会亦如之。是日行者塞路，呼佛声振地。甚有一步一拜者，曰拜香庙。"⑤明王稚登的《吴社编》亦谈到吴中里社之事，时苏州地区民众信奉一位名叫五方贤圣的神灵，传说他主司民间疾疫，所以每年五月举办庙会庆祝，其间有松花会、猛将会、关王会、观音会等香会组织进行箫鼓杂戏、优伶伎乐等娱乐演出，还有民众装扮成观音、罗汉乃至其他戏剧、小说人物，或由人抬着，或步行参加游街活动，这些香会都有会首，"会所集处，富人有力者捐金谷、借乘骑、出珍异、倩妓乐，命工徒雕朱刻粉，以主其事曰会首。里豪市侠能以力啸召俦侣，醵青钱、率黄金、诱白粟，质锦贷绣，敛翠裒香，各一其务者，亦曰会首。会首之家，先期数月毕力经营，临期数日输心会计。及期，不过骑马市中，插花鬓畔，执鞭张盖，往来指麾而已。要之，皆亡赖为之，亦有夤缘衣食者"⑥。清代顾禄的《清嘉录》亦谈到苏州地区的庙会习俗："（三月）二十八日，为东岳天齐仁圣帝诞辰。城中圆妙观有东岳帝殿。俗谓神权天下人民死生，故酬答尤虔。或子为父母病危，而焚疏假年，谓之'借寿'；或病中语言颠倒，令人殿前关魂，谓之'请喜'。祈恩还愿，终岁络绎。至诞日为尤盛。虽村隅僻壤，多有其祠宇。在娄门外者，龙墩各村人，赛会于庙，张灯演剧，百

图7-1-2：戏车画像砖（河南新野）

戏竞陈，游观若狂。郡西巇山亦有行宫，关内外吏胥奉香火。好事者安排社会，设醮酬神。俗以诞日前后进香者，乡人居多，呼为草鞋香。"⑦而常人春所著《老北京的风俗》一书也记载清代丫髻山香会的情况：每至四月丫髻山庙会期间，"一些民间香会，也来献艺谢神，开路、中幡、五虎少林棍、高跷、龙灯、狮子，边走边练。有的抬着'真灵''有求必应''保我赤子'等大匾去挂匾还愿。山路两旁以施舍为目的的清茶老会、粥茶老会以及做买做卖的摊床席棚栉次鳞比，可谓热闹极矣。到了晚间，山上还有'善人灯会'以小灯排成'碧霞元君'四字，以给香客照明。远望满山灯火，恍如星斗，其盛况不可言喻"⑧。可见，庙会上香会进行赛会表演在明清时候是非常流行的，无论南方还是北方都普遍存在。而为香客提供服务的香会则主要存在于北方。

据妙峰山《古城村秉心圣会碑》记载，京西古城村秉心圣会创于明万历元年，自万历四年（1576）起，每年阴历四月十三赴妙峰山朝顶进香，并沿途献档。若此说为真，则明万历年间就有香会去妙峰山进香了。但此碑为近年所立，所言并不十分可信。奉宽曾言："庙社之有茶棚文武各会，其来甚远。以余所知，如茶棚在丰台看丹村药王庙者,启贴谓始于前明万历戊寅年(六年);即京师各关厢之茶棚庵,至近亦必建自明初。其他各会,类如:白纸神账之举,则自万历十三年立创于朝阳门外东岳庙。"⑨明初万历年间北京已出现茶棚、香会,但是到妙峰山的香会则似乎应更晚一些。清康熙二十八年(1689)所立《妙峰山香会序碑》则十分明确地指出当时妙峰山香火已经非常兴旺,城内也有人组织香会前来进香。来妙峰山的香会分为两种,一种是文会,另一种是武会,武会专事表演,文会则为各档表演队伍以及进香信众提供服务及用具,文会较武会多,大约三分之二的香会都是文会。无论是哪种会,都有严格的会规制度,行动统一,而且会与会之间的交往也遵循着严格的仪式。如秉心圣会出会会规:"上有上增门,下有下增坎。打开龙门架,露出僧门脸。门前门后,门左门右。"⑩

鼎盛时期,每年来妙峰山朝顶进香的各香会多达400余家,1925年顾颉刚等人考察妙峰山庙会时,记录了当年上山的114档香会名称,据北道苇子港茶棚伙计言,当年进香的香会有100多档,不过这仅仅是走此道的,如果算上其他香道的,估计二三百档也是有的。顾颉刚先生对其进行了分类,包括修路、路灯、茶

图7-1-3:进香铜雕像(妙峰山香会博物馆院内)

妙峰山庙会

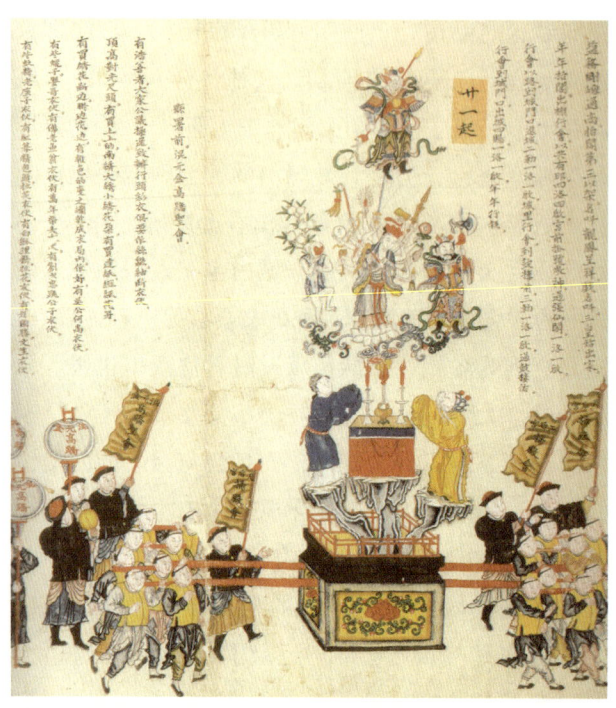

图7-1-4：天后宫过会图（局部）清 无名氏绘 中国国家博物馆藏 采自《绘画卷（风俗画）/中国国家博物馆馆藏文物研究丛书》

棚、缝绽、成补铜锡器、呈献庙中途中用具、呈献神用物品及供具、施献茶盐膏药、技艺类及普通的进香及未详其意义者。不过，像缝绽会、路灯会之类的也建有茶棚施粥舍茶，如据《妙峰山琐记》载，北安河"西出巷外，空旷处，有天津信义馒首会茶棚，北向……再西有饭棚十数，棚后隔辙有垣墙处，名三十亩地，为万寿善缘缝绽会茶棚下处"[11]。《北京妙峰山纪略》则载，花儿洞茶棚"正殿祀天仙娘娘，配殿祀王三奶奶及喜神，天津估衣商诚献路灯会在此施茶"[12]。这些香会中，除了技艺表演类的属于武会外，其余的都属于文会，都是为香客、香会及庙宇服务的布施性香会。

## 第二节　文会（善会）

来妙峰山进香的香会中，文会一般是指在庙会期间无偿为香客、庙宇及其他香会提供各项服务、物品，负责安排吃、住、行、用、维修等事务的民间香会组织，按照他们自己的说法，就是"为老娘娘当差"。为与武会区分，民间也称之为善会，分为行香会和坐棚两种。

### 一、坐棚与行香

坐棚是指在庙会期间，香会在固定场所驻扎（茶棚）并在其中敬拜娘娘、施舍粥茶的香会。[13]如天津磨镰石河馒首粥茶会在北道上设立磨镰石河茶棚，这是一座中型茶棚，有房10余间，坐西朝东，可容纳30人食宿，茶棚正殿奉碧霞元君，旁祀观音。在其西5里，有天津公意馒首粥茶会所设双龙岭茶棚施粥及馒头，这里有客房10余间，正殿奉碧霞元君，配殿奉关帝。大峰口施送馒头粥

图7-2-1：替人背香的人 1924—1927年 西德尼·戴维·甘博摄

茶会在大峰（风）口设茶棚，东向，这里原有房30余间，是北道上最大的茶棚，可供100多人食宿。正殿祀天仙娘娘及观音大士，配殿奉王三奶奶及胡三太甲。

属于坐棚性质的文会，在坐棚里要有各种摆设。因为"棚"是代表老娘娘的行官，内必供碧霞元君的像，配四面号（大锣），另有中军吹吹打打，棚内四周二十八宿星旗，分出四值（值年、值月、值日、值时），当值的挂在中间。还有四挑八笼，一挑中军笼，一副号挑子，桌上摆茶壶、茶碗、銮驾、花筒、舍粥舍茶的桌子摆在门口，门外有一旗杆上挂七星一旗，设一人值督（守护纛旗）。路经此处的文武各会拜贴后，先要带会参纛，方能进门参驾，先参神堂守驾，再参四值功曹。文武各会上香时鼓号中军齐响，文会烧香、武会献艺，所有茶棚都是如此。

在妙峰山的香道上属于坐棚的文会有：粥茶老会、缝绽老会、燃灯老会、馒头老会、桥板老会、栏杆老会、绳络老会、

第七章 妙峰山的香会

图7-2-2：茶棚

旗尺老会、路灯老会、提灯老会、盘香老会、降香老会、面茶老会、掸尘老会、太阳老会等。⑭

行香会是在进香途中，随地为香会、香客及庙宇提供各种服务，或者供献给娘娘庙和各茶棚物品的香会，没有固定驻扎点。属于行香会的文会有：

> 献盐老会、拜席老会、茶叶圣会、开山老会、茶烛老会、鲁班老会、彩棚老会、修路老会、攒香老会、窝头老会、成菜圣会、蜜供老会、月饼老会、排叉老会、寿桃老会、面鲜圣会、裱糊老会、糊窗老会、鲜花圣会、献花老会、佛花老会、莲花圣会、花盒圣会、供碗老会、茶盅老会、拜垫老会、蒲垫老会、香斗圣会、香油老会、膏药圣会、茶豆老会、绿豆圣会、巧炉老会、果供老会、献袍圣会、清茶老会、献米老会、素供老会、茶勺圣会、鲜果圣会、干果圣会、大供圣会、笤帚圣会、净炉老会、净道老会、垫道老会、灯盏老会、香火圣会、檀香圣会、清碱圣会、毛巾圣会、抿姜圣会、鞭炮圣会、回民茶会、白纸圣会、拐棍圣会、蜡烛圣会、鲜茶圣会、悬灯圣会、进善老会、引善老会、汽灯老会、放生会、海灯油老会、敬惜字纸会、香竹筷子圣会、清音锣鼓中军会、长春暑药清茶圣会等上百种文会。⑮

坐棚和行香会的共同特点是自发组织、无偿义务服务。其实，从这些香会的名称就可以看到，种类非常多，只要是和庙会、进香等有关的行业几乎全都有，这也给诸多进香者带来了很大的方便，虽然北京乃至全国庙会众多，有些路途较远的朝山活动——尤其是在北方——途中会有茶棚为香客提供茶水等义务性的服务，如河北井陉苍岩山三皇姑庙会及北京丫髻山庙会都有，但是远不及妙峰山庙会这样多，鼎盛时期，妙峰山娘娘庙十五天庙会期间，竟有数百档香会是专门为进香途中的香客服务的。京东的丫髻山庙会虽然之前因为有清皇室作为后盾，香火盖过妙峰山，前往进香的香会也有不少，但文会的类型主要集中在呈献神用物品及供具、路灯及普通的进香会，如"如意攒香供献鲜花寿桃胜会""如意掸尘净炉老会""福寿香茶斗香老会""合意进供鲜花老会""子午香长香会"等都是为庙宇提供献神物品、供具及服务的，而"京都龙灯老会""丫髻山工部献灯老会""一山善人灯会"等则是提供路灯、灯笼的。而像"京都龙灯老会"虽然也"挂灯献茶"，但总体上这类呈现服务的香会种类不多，像妙峰山庙会那样的缝绽老会、馒头老会、桥板老会、栏杆老会、绳络老会、献盐老会、拜席老

图7-2-3：茶棚内的布置

会、开山老会、修路老会、膏药圣会、茶豆老会、绿豆圣会、巧炉老会、献米老会、笤帚圣会、净道老会、垫道老会、清碱圣会、报姜圣会、拐棍圣会等在丫髻山则较少见。其主要原因可能和两地的进香路途及皇家的扶持有关,丫髻山娘娘庙虽然在远离市区的山上,但丫髻山海拔仅有361米,背靠燕山,面向平原,交通状况比妙峰山好得多,山下辟有清皇室去承德避暑及围猎的官道行宫,自城内至山脚交通状况很好,无论步行、坐车、坐轿、骑马、骑驴等均很方便,下道后沿台阶登山即可到山顶,因前去进香的多为皇室贵胄,殿堂及道路都整修得极好,且沿途有官方维护秩序,所以在进香途中,这些民间香会组织可以提供的服务有限,仅限于布置灯盏及少量的茶棚等。妙峰山则不同,这里位于西山群山之中,自城内进山后无论从哪条道登顶,均需再爬二十余公里的崎岖山路才能到达,而且不少地方地势险要,几乎无路可行,如果没有这些服务性的香会提前做好各项服务工作,普通香客朝顶进香将是一件非常困难的事情。因此,明清以来,到其他各顶进香的香会中以武会居多,唯独妙峰山不同,在这里提供各种服务的文会占了相当多数,正如顾颉刚先生在《妙峰山》一书中所说的那样:"在三月中……在山前山后打平浮沙,扫除活石;一到四月初……在各条路上架起路灯,在各个站口开起茶棚;他们开了茶棚之后……鞋匠来了,铜锡匠来了,施送拜垫围棹的人来了,施茶送盐的人来了。那时香客们如何的便利,一路上随处有人招待,如熟识的朋友一般。开茶棚的人也如何的便利,茶叶是有人送来的,供品设备是有人送来的,打破了的碗盏也自有人来修补。大家虔诚,大家分工互助,大家做朋友!"⑯正是靠众香会齐心协力,分工互助,才保证这么多香客都能顺利地朝顶进香。

## 二、文会的类别

前文已经讲过,顾颉刚曾经根据这些香会的服务内容,对其进行分类，文会方面主要有修路、路灯、茶棚、缝绽、成补铜锡器、呈献庙中途中用具、呈献神用物品及供具、施献茶盐膏药以及专门朝顶进香的香会等，以下我们将依据顾颉刚先生的分类进行具体介绍。

### （一）负责修缮路桥的香会

一般来说，每年庙会之前，最先启动的香会是整修路桥的香会，他们必须赶在庙会开始之前完工。根据分工不同，起名也有差异，如"开山老会""净道老会""垫道老会""修路老会"等，有开山的，有净道的，有修路的，还有搭桥的，各个香会都有本香会负责的路段，如遵王荡平修道圣会是圆明园正红旗内外旗民在道光二年（1822）发起的，他们每年二月初一就开始祭山，三月二十启程到中道寨儿（尔）峪落宿，第二天开始动工干活；圆明园正白旗修道老会则将会众分为若干把，每把负责一段路程；普兴万缘净道圣会则在"三月内将山径石坎用錾打平浮沙，扫除活石"[17]。桥板老会是负责修桥更换桥板的，而栏杆老会则是在山路上架设栏杆，防止人掉下悬崖。

### （二）设置路灯的香会

由于路途较远，自北京城内出发的香客至少需要一天时间才能登顶，快一些的，早晨七八点出发，晚上十来点才能到，慢一点的，估计所需时间会更长，而像天津、河北等外地香客，可能路上就要走多日。所以为了赶时间，香客们往往日夜兼程，晚间香道则需照明，于是出现各种施舍灯具的香会。当时北京的香会多设置煤油灯，而天津的香会则因为钱多富裕，多设置更为明亮的汽灯，如老北道历年设汽灯，先有天津阖郡公议老路灯会负责，后来又有天津公善汽灯会负责。海淀北安河玉皇庙光绪三十二年（1906）所立《天津路灯会重修玉皇庙碑记》载："兹因金顶妙峰山也，天仙圣母娘娘碧霞宫，随之庑殿、太清宫、王三奶奶，其

图7-2-4：会帖

此神化光辉、灵感之盛者也。惟于例年四月朔日至望日，朝顶进香者，昼夜联络不绝，其山路崎岖而昏暮，犹虞峻险也。津郡善士公议，由北安河村起，遍设明灯，直达金顶。斯举也，自光绪十二年逮十六年，又系大觉寺添设明灯，以便跋涉，上造大雄宝殿，迄今将及廿年矣。……且北安河村玉皇庙永假为津郡路灯会下处。"天津阖郡公议老路灯会不仅在老北道设置路灯，还在中道设置路灯。顾颉刚于1925年所抄写的天津公善汽灯会会启言"老北道历年沿路所点汽灯，所有一切资费，皆由本会自行筹备""不敛不化，并无知单"，说明至少在此之前多年，天津公善汽灯会已经取代天津阖郡公议老路灯会在老北道上布置路灯了。还有一些天津的路灯香会也在各道布置煤油灯、汽灯，如中北道估衣商诚献洋灯会布置的是煤油灯，灯放置在长方形的玻璃笼架内，下面有木支架，栽在地下稳稳当当，并安排专人负责点灯熄灯，很是周到气派。另外还有津郡公议老路灯进香、老南道桃园义善汽灯笼灯路灯施茶老会、娘娘顶后殿众善汽灯施粥施茶善会、天津裕德里大连小岗子合办汽灯会等天津香会也在各道部分路段布置路灯，不过除老北道一路全为亮闪闪的汽灯外，其余各香道都以煤油灯居多，像金峰普照燃灯老会、子孙万代粥茶路灯老会、万年长青甲子悬灯灵丹圣会、海灯老会等都是北京的香会，不如天津的香会财力雄厚。

### （三）设茶棚守驾的香会

这类香会就是坐棚的香会，算是庙会期间妙峰山老娘娘的行宫，不论是临时的棚舍，还是稳固的长久性建筑，都设娘娘神案，即娘娘驾，坐棚守驾对于香会而言是最为神圣的事情。守驾都管熟知会礼会规，负责接待送迎过往香客、香会。对发宏愿的香客迎出茶棚以外，鸣拨号加以礼敬。[18]接待迎送香客、香会都有一定的规矩，尤其是对于香会的规矩更为复杂。一般香客来到茶棚喝茶小憩，茶棚执事会唱"先参驾后落座，喝粥喝茶"，引导香客先去到碧霞元君像前磕头行礼，然后再坐下喝粥喝茶休息，时常还会唱一些幽默风趣的粥茶歌来吸引香客，如：

> 戗着风闻不见，顺着风十里香，盛一碗，朝西回了顶，两碗带着福还家的粥。这都是山泉水儿熬，这千家门里百家米的粥。⑲
>
> 有豆（儿）没枣（儿）熬得好，参驾以后这边坐着。(了心愿皆欢喜，喝碗热的细米（儿）粥。
>
> 有缘千里来相会，对面无缘不相逢。一路辛苦来朝顶，落座喝粥不用忙。
>
> 千山万水来还愿，大家有缘来相见。香钱多少请随便，莫忘回家路上钱，路上没钱没人管，落座喝碗热稀饭。⑳

而对于香会，礼仪就比较复杂了。依照会规，行香会及武会在进香途中遇见茶棚，只需前引到茶棚中与茶棚执事互致礼节，交换拜知，互道"重任在肩，回头再参"，即先去打个招呼。因为他们必须登顶参拜碧霞元君以后，才能再拜茶棚，即文武香会是在回乡途中参拜茶棚献供或献艺。武会拜会茶棚一般有打知、三参和献艺三个阶段。

茶棚不仅仅设在进山的香道上，旧时出了德胜门、西直门、阜成门、西便门、广安门等就有茶棚了，据《妙峰山志》载，自乾隆至光绪二十年（1894），沿各路进香之茶棚已达三百数十所之多。据奉宽统计，20世纪20年代末时，进山之前的茶棚有30多家，包括：德胜门外松林闸公议助善头道茶棚、德胜门外娘娘庙茶棚、德胜门外与西直门外交会处万寿茶亭、西直门外高梁桥护国天仙庙、海淀西北益善同缘茶棚、海淀挂甲屯大树庵茶棚、海淀北宫门大有庄娘娘庙三村合议茶棚、青龙桥娘娘庙同心合意高山莲灯茶棚、安河桥北红山口茶棚、董四墓村茶棚、冷泉村茶棚、白家疃村公立茶棚、温泉天仙圣母庙子孙万代茶棚、太舟坞西关帝庙茶棚、

图7-2-5：舍茶摊

西北旺村南茶棚庵茶棚、阜成门外白堆子普兴善缘茶棚、阜成门外半壁店清茶老会茶棚、阜成门外八里庄拜席会茶棚、西便门外头道茶棚、广安门外同心合意顺香茶棚、会城门二道茶棚、冉家村茶棚、田村茶棚、石景山董村茶棚、甄家坟茶棚、天泰山一片石满井同集合善茶棚、天泰山狮子窝茶棚、天泰山双泉寺茶棚、门头沟三家店义善长春茶棚、西河口子孙万代粥茶路灯会茶棚、永佑平安栏杆绳老会茶棚、琉璃渠万缘同善茶棚、龙泉雾六合茶棚、陈家庄万诚老会茶棚。[21]德胜门外月墙西松林闸公议助善头道茶棚，是该道上出城门第一座茶棚，城内人如果无法前往妙峰山进香，往往在此顺香，故每年此处香客云集。

　　山内的茶棚就更多了，各条香道上都有不少，总计有50余座[22]，种类也更丰富。各香道的茶棚是众香客往来途中的休息站，不仅免费供应茶水、粥饭、馒头、咸菜、盐豆等饮食，较大的茶棚还可以住宿。最初的茶棚是用松枝或者芦苇搭建的临时性棚子，仅在庙会期间搭盖使用，用松枝搭建而成的叫松棚，用完后不拆

图7-2-6：标记有茶棚名字的灯箱（妙峰山香会博物馆院内）

除,任其自行损坏倒塌。用芦苇搭建的叫芦棚,庙会结束后随即拆除。后来又出现了永久性的固定茶棚,这是用砖瓦修建的可供长期使用的建筑,一般都有专门供奉碧霞元君等神祇的殿堂,此外还有可供香客休息吃饭的房舍,比较豪华的则类似于旅店,有房舍几十间,香客吃住均可提供,另外还有宽敞的院子可供武会进行表演,也有一些茶棚是直接借用香道上的庙宇设立,这种茶棚一般规模都不太大。

各茶棚在庙会期间开设的时间都是自己定的,短的可能只守五六天,长的则持续整个庙会期间。如南道水泉降香粥茶老会、兴隆十八盘献粥茶老会、同兴南庄诚献粥茶子孙圣会、益善同缘茶棚圣会等都是四月初一开棚,四月十五日庙会结束时落棚;子孙万代粥茶路灯老会四月初二开棚,十四日落棚;子孙万代诚献粥茶盘香圣会、同心乐善诚献粥会等则是初四日才开棚,还有更晚的公议重整合义麦茶老会初五才开棚。

### (四)缝绽香会

缝绽类香会其实就是修鞋的。朝山香客有不少是徒步前来,还有一些轿夫、背夫、车夫以及其他香会的人员等,长途跋涉,鞋

图7-2-7:缝绽老会成员正在劳作  1924—1927年  西德尼·戴维·甘博摄

履磨破开绽在所难免，所以就有鞋匠专门义务缝补，称为"缝绽"。缝绽类的香会有坐棚的，设茶棚固定地方进行修补，如万寿善缘缝绽会，"四月初一日起程，宿北安河。初二日安坛设架，诚献缝绽十四昼夜"。还有的是行香会，来于香道路上，沿路随有随修，如公议志香沿路缝绽圣会，"四月初四日起程，沿路并山道来往缝绽，以便行履。初六日朝顶进香，当日回香至灵官殿，守驾三昼夜。初九日进京……"㉓

### （五）修补铜锡瓷器具的香会

这类香会主要是为茶棚修理盘盏器具的，他们往往在庙会开始几日后才进山，因为庙会刚开始时，一般茶棚的杯盏器具都比较完整清洁，用过几日后才逐渐会有破损情况出现，需要焗补。提供这类服务的香会如同心万代巧炉圣会、心缘同善巧炉圣会、公议呈献巧炉圣会等都是四月初四起程，公议乐善巧炉圣会则比他们晚三天。一般都是在道中沿途为有所需的茶棚进行服务，多则五天，如同心万代巧炉圣会；少则三天，如心缘同善巧炉圣会、公议呈献巧炉圣会等。

### （六）呈献庙中途中用具的香会

顾名思义，这些香会所施献的物品是庙宇、茶棚或者香客途中所需用的。如公议心愿诚献围棹香会是献神案前围布的，拜垫圣会是献拜垫的，公议重整拜席老会是献拜席及围桌的，议心善缘掸尘圣会及一心秉善毛掸清茶圣会是献拂尘的，永佑平安绳络老会是献渡船需用绳索的，此外如裱糊老会、糊窗老会则是为神堂佛殿糊窗户的。另外，还有拐棍圣会、供碗老会、茶盅老会、献米老会、绿豆老会、彩棚老会等也是为香客或者茶棚提供用具、用品的。

### （七）呈献神用物品及供具的香会

这类香会是施献供神或神用物品的，如献袍会是施献神像所穿衣袍的，献供斗香膏药圣会、长寿白纸圣会、长寿白纸神帐圣会、全议希贤惜字老会等献香烛供品、文房四宝，更换幽冥档册等，乐善同心献花圣会、恭献鲜花老会、万善长青献鲜老会等是献花的，善缘吉庆诚献果供、善缘吉庆果供圣会等是献供果的。此外还有蜜供老会、月饼老会、排叉老会、寿桃老会、面鲜圣会、素供老会、干果圣会、大供圣会、香油老会等也是提供供神用品的。

**（八）施献茶盐膏药的香会**

献茶叶的香会比较多，他们施献茶叶不仅用以供神，同时也向

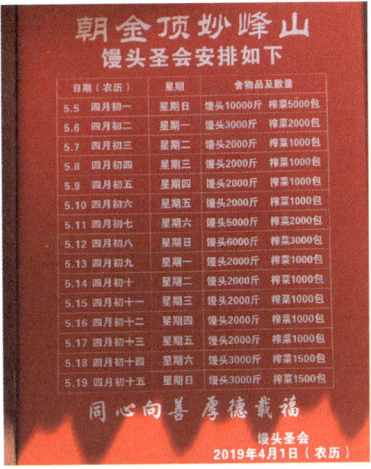

图7-2-8：2012年妙峰山庙会馒头圣会告示（左上）

图7-2-9：2019年妙峰山庙会馒头圣会告示（右上）

图7-2-10：馒头圣会准备施舍的馒头（下）

各茶棚施送以供香客饮用,如长寿清品神茶圣会、乐善俊山清茶圣会、悟善同修清茶圣会等都是献茶叶的。农历四月初八为佛诞节,旧时京城有四月八舍豆结缘的习俗,《帝京景物略》云:"八日,舍豆儿,曰结缘,十八日,亦舍。先是拈豆念佛,一豆,佛号一声,有念豆至斗者。至日熟豆,人遍舍之,其人亦一念佛,啖一豆也。"㉔《燕京岁时记》亦曰:"四月八日,都人之好善者,取青黄豆数升,宣佛号而拈之。拈毕煮熟,散之市人,谓之舍缘豆,预结来世缘也。谨按,《日下旧闻考》:京师僧人念佛号者,辄以豆记其数。至四月八日佛诞生之辰,煮豆微撒以盐,邀人于路请食之,以为结缘。今尚沿其旧也。"㉕所以又有献盐豆的香会,如永年志善献盐老会、德缘志善献盐圣会、公议呈供献盐圣会等都是施献盐豆的。还有义合膏药老会、十人膏药老会、献供斗香膏药圣会等是施献膏药的,之所以会有这些施献膏药灵丹的,很可能是这样:一来卖膏药的一直是走江湖卖药,行走庙会乃是其传统售卖方式,借妙峰山碧霞元君娘娘之名施舍膏药一方面是为做善事,另一方面也有求得娘娘庇护之意;二来妙峰山附近仰山栖隐寺一直有施药的传统,这里的药王庙会一度非常知名,最初,城内的香客就是因为到药王庙会进香才知道附近有妙峰山娘娘庙,并顺便到此上香敬拜,并由此逐渐带旺了这里的香火,很可能人们将药王庙施药传统也带至此处。

**(九)负责修缮庙宇殿堂的香会**

顾名思义,这类香会是负责修缮庙宇殿堂及茶棚等房屋设施的,如鲁班老会等。

**(十)专门朝顶进香的香会**

此类香会不属于布施类的,而是

图7-2-11:有关茶棚的诗文(妙峰山香会博物馆院内)

一些人，主要是以地域为单位或者以行业为单位前来行香拜佛，他们还兼为亲友或邻里中不能亲自前来的人带香，此类香会数目也不少，如妙峰山进香圣会、二人圣会、二顶兴隆圣会等都属于此类。

可以说，旧时香会已经涵盖了北京城的各个行业，有一些就是某职业行会组织的，在为大众提供服务的同时也可以通过进香活动加强本行业从业者的凝聚力和行业自豪感。

## 第三节 武会

### 一、迎神赛会

武会即顾颉刚称之为技艺类的香会，是酬神赛会的社火表演，在《古史辨自序》中，顾颉刚曾言："社是土地之神，从天子到庶民立有各等的社。""……乡村祭神的结会，迎神送祟的庙会，朝顶进香的香会，都是社火的变相。"[26]北京地区的迎神赛会也已经有2000多年历史了，明代时北京建蟠桃宫（正名为"护国太平蟠桃宫"），这是京城最著名的道观之一，主祀西王母，每年农历三月初一至初三开庙三日，举办"蟠桃盛会"，其间邻近地区茶棚、货摊林立，各种进香赛会接连不断，日用杂货、风味小吃应有尽有。自此，北京地区的迎神赛会开始走向繁荣，清代康乾年间达到高潮，清末民初民间会谱中登记有72种武会，其中最为著名的是"井字里"（也称"会规以里"）的"幡鼓齐动十三档"和后加的三档会，也称"外三档"。"幡鼓齐动十三档"即歌诀所唱："开路打先锋，五虎紧跟行。门前摆设侠客木，中幡抖威风。狮子蹲门分左右，双石门下行。石锁把门挡，杠子把门横。花坛盛美酒，吵子响连声。杠箱来进贡，天平称一称。神胆来蹲底，幡鼓齐动响

(享)太平!"包括开路(钢叉)、五虎棍、秧歌、中幡、狮子、双石头、石锁、杠子、花坛、杠箱、天平(十不闲、莲花落)、吵子、胯鼓等十三档香会,这些香会代表了北京民间香会的最高水准。武会又分为文场和武场,文场就是演唱、演奏的部分,武场则是"练""打"等武术表演类的部分。传说,这些武会也都是有来历的:"开路滥觞于唐睿宗时;杠子为古'都卢寻橦'遗意;高跷秧歌即列子之'宋人双屐';狮子见白香山诗;五虎棍相传是宋时太庙乐舞;十不闲本名凤阳歌,谓起自明太祖。"㉗

## 二、幡鼓齐动十三档

### (一)开路(钢叉)

开路会又叫耍钢叉、滚叉或飞叉,在走会时是为神佛开道的,所以要排在走会队伍的最前边,开路打先锋。开路会表演的故事多为鬼戏,如《五鬼捉刘氏》《五鬼闹判》《目连救母》等,尊地藏

图7-3-1:开路 中国艺术研究院藏 采自《旧京社戏图》

王菩萨为祖师。

### （二）五虎棍

五虎棍又称为开路五虎棍，在走会时是为香客开路的。源于宋太祖赵匡胤大战"董家五虎"的故事，表演以棍为主，演员都画脸

图7-3-2：少林 中国艺术研究院藏 采自《旧京社戏图》

图7-3-3：五虎棍 中国艺术研究院藏 采自《旧京社戏图》

谱，扮成双方角色，有单打、双打、群打等形式，并有故事情节，如《董家桥》《燕青打擂》《武松打店》等，宋代太庙即有"五虎棍"乐舞。五虎棍有四种："式架棍"（五虎打路）、"少林棍"（五虎少林）、"藤牌少林"和"跟头棍"。五虎棍会尊"斗战胜佛"（即孙悟空）为祖师，因此会中不画猴脸（化妆），不要猴棍。

### （三）秧歌

有人认为秧歌源于古时的社祭，"春闹社，俗名秧歌"。秧歌

图7-3-4：秧歌 中国艺术研究院藏 采自《旧京社戏图》

图7-3-5：高跷 中国艺术研究院藏 采自《旧京社戏图》

分高跷秧歌（又称侠客木）和地秧歌（又称地蹦子）两种。高跷秧歌为踩跷表演，尊文昌帝君为祖师，有文跷和武跷之分，文跷以扭、逗、走阵、摆山子，尤以唱秧歌为主；武跷则表演各种惊险高难动作。地秧歌为不踩跷表演，有堆山子、走场、别篱笆、逗场、演唱等形式，尊唐明皇为祖师。高跷秧歌很早就出现了，春秋时期的《列子》就曾记载杂耍艺人为宋元公表演过高跷："宋有兰子者，以技干宋元。宋元召而使见。其技以双枝长倍其身，属其胫，并趋并驰，弄七剑迭而跃之，五剑常在空中。元君大惊，文赐金帛。"㉘民国时李炳卫等所编《北平指南》记载北京"鞅哥会"："全班角色皆彩扮成戏，并踩高跷，超出人群之上。其中角色更分十部：陀头和尚、傻公子、老作子、小二格、柴翁、渔翁、卖膏药、渔婆、俊锣、丑鼓。以上十部，因锣鼓作对，共为十二单个组成。各角色滑稽逗笑，鼓舞合奏，极尽贡献艺术之天职。"㉙据说这十二个角色源于《水浒传》中梁山聚义厅前的十二根木栅栏，因此在走会中秧歌象征庙门前做栅栏用的木板。

### （四）中幡

中幡又称大执事，源于晋代皇家仪仗队的旗杆。据传最初是行

图7-3-6：中幡
中国艺术研究院藏 采自《旧京社戏图》

军或狩猎途中休息时，为鼓舞斗志或者娱乐将士，旗手们耍弄幡旗，尽显威武，后演变为民间庙会的表演节目，尤其是在清代极为盛行，尊真武大帝为祖师。清代乾隆年间，中幡会属于镶黄旗佐领管辖，属内八档会之一，并受皇封，一时风光无限。清末民初，中幡艺人到天桥市场卖艺，其中由沈三（沈友三）、宝三（宝善林）、张狗子（张文山）等率众表演的中幡、摔跤最为知名。清代有描写中幡的《百戏竹枝词·舞中幡》云："铃铎声中金鼓撞，佛场弟子健能扛。彩帆正面凌风稳，一朵云飞如意幢。"走会时中幡象征庙里的大旗。

### （五）狮子

狮子会即舞狮，分太狮、少狮两种。太狮由两个人合作表演，一人为狮头，一人为狮尾，狮子会表演时一般有两对太狮互斗表演；少狮又称小狮子，由一个人扮演，一般都是配合太狮表演，极少单独表演。狮子会表演时以太狮为主，有开场、双啸、双纵、双滚、双憩等套路，此外还有一武士，即"狮子郎"，手握绣球，

图7-3-7：舞狮 中国艺术研究院藏 采自《旧京社戏图》

引逗太狮。因狮子为文殊菩萨之坐骑,故狮子会尊文殊菩萨为祖师。走会时狮子会象征庙门口的石狮子。舞狮在我国历史悠久,《汉书·乐志》中记载的"象人"就是扮演鱼虾、狮子等的艺人,唐代舞狮在民间广为流传,著名诗人白居易的《西凉伎》诗曾经描写了西凉艺人表演舞狮的精彩场面:"假面胡人假狮子,刻木为头丝作尾。金镀眼睛银贴齿,奋迅毛衣摆双耳。"在神诞或庆典上表演舞狮,在我国南北皆很盛行。北京城当年最著名的太狮有十三堂,号称"井字里"十三堂太狮。

### (六)双石头

双石头又称举砘子、双石,是在木杠两端嵌上重约数十斤、有点像小磨盘形状的石头,类似于杠铃。表演时,由一力气大的壮士仰卧躺在长木凳上,双足蹬杆,其余诸人则在杆上表演各种高难动作,木凳横竖交叉,可摞多层,最高有七层,一般均为二三层。因鲁班为石匠之祖师,故此会尊鲁班为祖师。此会已失传。走会时双石头象征庙门口的石轮。

图7-3-8:双石 中国艺术研究院藏 采自《旧京社戏图》

### （七）石锁

石锁又称掷子，形如古代的铜锁，大小不一，最重有50斤，轻者十多斤。石锁会也尊鲁班为祖师爷。表演时套路很多，有正掷、反掷、跨掷、背掷、头接、肩接、肘接、指接、后扔前接、立手接、对掷对接、三四人互掷互接等，表演时无文场。走会时石锁象征庙门上的锁头。

图7-3-9：石锁 中国艺术研究院藏　采自《旧京社戏图》

### （八）杠子

杠子会的表演道具是木杠，类似于体操比赛中的单杠。走会时，把木杠固定在马车上，边走边练，难度很高。传说源于汉代"百戏"高竿技艺"都卢寻橦"，汉画像砖显示当时的玩法为一人手持或头顶长竿，另有数人缘竿而上，在竿上进行表演。因杠子会所用木杠及绳索均为鲁班所传，故亦尊鲁班为祖师。杠子会表演无文场。走会时杠子象征庙门上的门闩。

图7-3-10：杠子
中国艺术研究院藏 采自《旧京社戏图》

### （九）花坛

花坛又称小执事，俗称顶坛子，坛子分大、中、小三种型号，最小的叫"四喜坛子"，重约5斤；中号叫"长瓶"，重约8斤；大号的叫"瓷缸"，重量从十几斤到几十斤不等。花坛尊观音菩萨为祖

图7-3-11：花坛
中国艺术研究院藏 采自《旧京社戏图》

师，因为观音菩萨手持宝瓶，时刻准备用圣水救苦救难。走会时花坛象征庙中供桌上盛圣水的坛子。

### （十）杠箱

据香会泰斗隋少甫先生回忆，杠箱会表演的是《水浒传》中贾家楼三十六友结拜劫皇纲的故事。其压轴表演是杠箱官断案，故尊狱神皋陶为祖师。表演时，通常在前头有八个武生，两人一组，用竹竿抬着四个有铁环的箱子，抬箱者要不断变换身形动作，有上脑旋、串肩、单缠腰、元宝大顶、矮子走、倒立、翻跟斗、单脚托竿、劈叉等招式动作。无论怎么变换姿势，箱子不能着地，手不能扶竿。杠箱后面，有四个衙役高举"肃静""回避"牌，他们边走边喊，表示开道。随后是骑着竹竿的"杠箱官"，他身着红袍，头戴圆翅纱帽，一手捻须，一手扇扇，官样十足，围观群众可随意向其打趣告状，杠箱官接到"诉状"，也故作正经，用插科打诨的幽默诙谐说唱方式来"审案"，逗趣观众。走会时，杠箱里

图7-3-12：杠箱
中国艺术研究院
藏 采自《旧京
社戏图》

面装着送给娘娘的香烛纸马，象征为娘娘送钱粮。

### （十一）天平

天平会又称十不闲、莲花落，属曲艺行，以唱为主，所唱内容多为神话传说和戏曲故事，打七块竹板演唱叫"莲花落"，不打竹板演唱叫"十不闲"，早年间二者常常合演，演出时因打鼓者面前有一形似天平的架子，故将其称为天平会。天平会尊周庄王为祖师。其最常演唱的曲目是"四大活"，即《锯大缸》（锯子）、《千里长亭》（亭子）、《王小赶腿》（腿子）及《墙头会》（墙子）。走会时，天平象征为庙里称钱粮的秤。

图7-3-13：天平
中国艺术研究院藏　采自《旧京社戏图》

### （十二）吵子

吵子又称献音老会或献香老会，吵子会尊"电母"（闪电娘娘）为祖师。吵子会只有演奏，所用的乐器有大钹、小镲、大鼓、锣、单皮鼓、铙、旋子、海笛等，以大镲为主，有时候十几对大镲一同

图7-3-14：花钹
中国艺术研究院藏 采自《旧京社戏图》

击拍，声音响亮，声势浩大，气氛热烈，震耳欲聋，因此得名"吵子"。吵子会经常演奏的曲牌有《七鼓三》《倒将袍》《十棒鼓》《入海楼》等。吵子会分文武两种，文会只敲乐器，武会则增加两面大鼓边敲边舞。走会时，吵子象征庙里的钟楼，尊铁板郎君为祖师。

### （十三）胯鼓

胯鼓又称"神胆"，也叫大鼓会或锅子会，走会时胯鼓会一般都是殿后，大鼓擂动，气势磅礴，雄壮威武。胯鼓分文武两类，文会表演有8—10面大鼓，8个沉子㉚，4对花钹，突出鼓声浑厚洪亮，稳重大气；武会则有24对花钹，花钹常以十二三岁男童为主，两行12人各拿小钹一对，另有8—10面大鼓分列两旁，由年青壮汉击打挎着鼓。儿童则要表演翻跟斗、打把式等花式舞蹈动作，观赏性极强，有花钹的也称花钹会。胯鼓会中钹及鼓的演出套路各有几十种，变化多端。胯鼓会尊雷神为祖师。走会时，胯鼓象征庙里的鼓楼。北京最著名的胯鼓会是白纸坊胯鼓老会，也是北京地区传承时间最久的花会，据说是明永乐年间明成祖朱棣

图7-3-15：胯鼓
中国艺术研究院
藏 采自《旧京
社戏图》

图7-3-16：旱船
中国艺术研究院
藏 采自《旧京
社戏图》

迁都北京时自南京带来的，迄今已有500多年历史，传承者主要是造纸行业的人，故尊蔡伦为祖师。

民国以后，除以上十三档香会外，在"井字里"又加了三档会：旱船、踏车（自行车）和小车。其中，踏车象征为庙里催讨钱粮，旱船象征从水路运送娘娘钱粮，小车象征从旱路运送娘娘钱粮。其歌诀变为：

图7-3-17：小车 中国艺术研究院藏 采自《旧京社戏图》

图7-3-18：花砖 中国艺术研究院藏 采自《旧京社戏图》

金顶御驾在居中，黑虎玄坛背后拥。
清音童子紧守驾，四值功曹引大铜。
杠子门闩掷子锁，一对圣兽（狮子会）把门封。
花钹吵子带胯鼓，开路打路是先锋。

双石杠箱钱粮柜，圣水常在花坛中。
秧歌天平齐歌唱，五色神幡在前行。
前有前行来引路，后有七星蠹旗飘空中。
真武带领龟蛇将，执掌大蠹在后行。
门外旱船把驾等，踏车云车（小车会）紧跟行。

除了以上这些"会规以里"、代表北京花会最高水平的会档外，还有一些其他的花会，如太平鼓、十香会、竹马、跑驴、花钗、霸王鞭、花鼓（腰鼓）、抬阁、龙灯等几十种会档，这些都属于"井字外"（会规以外）的香会。

## 第四节　香会规矩

地处皇城根儿天子脚下，在北京行香走会第一讲求的是规矩，不仅香会内部会规严格，而且香会成立、起名以及与其他香会的交往会面也要遵守严格的规矩与礼仪，不懂或不遵守香会规矩，是无法到处行香走会的。

### 一、圣会、老会与皇会

北京的香会在命名上一般有"圣会""老会""皇会"之分，"圣会"指的是成立时间较短，资历稍浅的普通香会，如公议志香沿路缝绽圣会、长寿白纸圣会、长寿白纸神帐圣会等；"老会"一般是指成立时间超过百年且德高望重、口碑甚好的香会，如仝议希贤惜字老会、永年志善献盐老会等，不过也有个别未到百年的香会也称作"老会"，但这种情况极少，其成立时间必须至少超过50

年且有过人的本领,让众人心服口服才行;"皇会"则是指在皇帝、太后等面前进行过表演,并受过御赐皇封的香会。

皇会又包括两种,一种是官方的"皇家内八档",就是官府各衙门自己承办的表演性香会,包括礼部的中幡、兵部的杠箱、掌仪司的狮子、刑部的五虎棍、吏部的双石、工部的石锁、太子府的花坛、户部的秧歌等八大花会[31],以区别于民间香会,成员多数是各衙门内的下级官员。据说,皇会在清康乾年间最盛,内八档(或十档)都是那时候成立的,彼时国力强盛,社会安定,"各衙门的下级工作人员,组织起这些强身健体、自娱娱人的文艺表演团体,是社会生活宽松的表现。它可以成为太平盛世的点缀,也可以在诸如朝廷庆典等一些仪式庆祝活动时进行表演"[32]。慈禧太后两上妙峰山,全都带着内八档香会在庙会上表演,随着清王朝的覆灭,有些内八档香会逐渐衰落并最终消亡,如杠子、杠箱等都已消失百余年,不过近些年又重新得以恢复传承。

另一种是为帝、后进行过表演的民间花会。清朝末期,为讨慈禧太后欢心,更多民间香会得以在其面前承差表演因而被封为皇会。清代《清稗类钞》载:"孝钦后自光绪辛丑西巡返跸,衰老倦

图7-4-1:黑漆彩绘的圆形笸子(正名为平),上插旗幌,旗为三角,每箱插四支,旗上有红色的木制佛头,对角旗子斜连飘带上系有一串小铜铃,挑行时,叮当作响,称为幌

第七章 妙峰山的香会

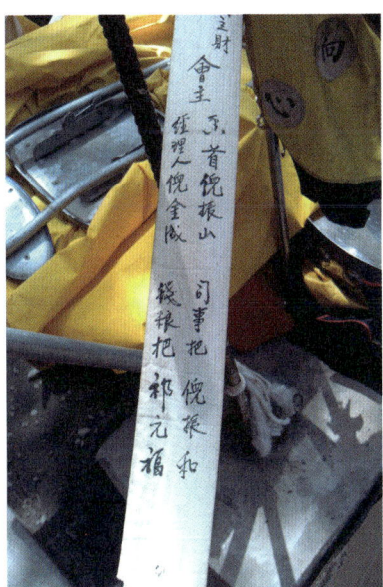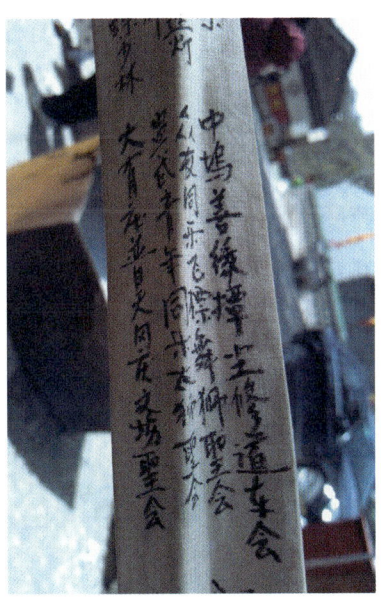

图7-4-2：香会笼子的白色飘带上写有本会的会万儿、会名以及成立时间等信息

勤，惟求旦夕之安，宠监李莲英探孝钦意，思所以娱之，于观剧外，辄传一切杂剧进内搬演，慈禧果大悦，尤喜秧歌。缠头之赏，辄费千金，逐至一时风靡，近畿游民，辄习秧歌，争奇斗异，冀以传播禁中，得备传召，出入大内，藉索招摇，而梯荣罔利者坐是比比矣。"㉝而另据金勋《妙峰山志》载："光绪二十二、二十三、二十四年，慈禧太后传看各种皇会十二项，表演团体七十余堂，会众近三千人。"㉞慈禧太后住进颐和园时，每逢农历四月初八，均要到眺远斋内用望远镜观看园外道路上去妙峰山进香的民间香会沿路表演，看到喜欢的还要传进颐和园内进行表演。而那些由此路过的进香香会，往往使出各种看家本领来讨慈禧太后欢心，以便能够被邀请至园内为太后表演，获得封赏。据《中国民间歌曲集成·北京卷》记载，清末北京城内外受过皇封的香会多达887档。㉟

凡是承过皇差的香会都被认作皇会，在香会的社会等级链中，皇会的地位最高，其次是老会，再次是经过贺会仪式正式成立、

资历较浅的普通圣会,而那些没有进行过贺会仪式的香会则被看成"黑会",不能走香行会,即不被社会认可。所有这些香会,都以上妙峰山为老娘娘承差为荣,如果没有去过,则会被其他香会所鄙视。"凡社火,以未朝妙峰山为耻,侪辈轻视之。通例,又以曾经奉御者为'皇会',许用黄旗黄幌,且以'万寿无疆'四字标榜其笼望焉。"㊱如西北旺村万寿无疆高跷秧歌会,曾在光绪二十四年(1898)到颐和园承差为慈禧太后祝寿表演"万寿秧歌",获赐白银千两、服装十二套、金底青龙大龙旗一面、皇幌多面、黄马褂一件,因此被称为"皇会"。后在该村又创立了西北旺村幼童少林五虎棍会,属于皇会下的第二档会。走会时秧歌会在前,棍会在后,均可以使用龙旗皇幌。海淀六郎庄五虎童子棍会也是受过皇封的皇会,据传成立于清康熙年间,素以武术精湛著称。该会于乾隆辛巳年受皇封,光绪年间在丰泽园和颐和园承差数次,在走会时曾受慈禧太后御赐半副銮驾,因此声名远播。

  各香会为讨得帝、后欢心以便获得青睐,便想尽办法提高技艺、展示绝活,有些人甚至不惜倾尽家产就为博得皇家的招幸和赏赐,故当时有"谁要跟谁不对,劝他拴车走会"的民谚。一些香会会首"耗财买脸,抢洋斗胜",图的就是在皇帝、太后面前露脸,虽然这已经背离了原来民间香会走会娱神的初衷,但对他们而言,能得到现实中的最高统治者——皇家的青睐无疑是名利双收的事情,有人甚至会因此而一夜爆红,从社会最底层一跃而成社会名流,其中最为知名的当数外号"抓髻赵"的赵奎顺,他是"太平歌词天平老会"内"玩角儿"的,曾被邀至皇宫表演,因技艺高超、机智灵敏而深得老佛爷慈禧太后的欢心,多次给予重赏,"抓髻赵"也因此从一个穷苦街头艺人而平步青云。受这些人物事件的影响刺激,当时砸钱砸物筹办香会的大有人在,他们千方百计标新立异,追求以奇取胜、以技取胜,这也在无形中促进了清末京城香会的迅猛发展。

## 二、行香走会

庙会期间,各香会按照一定的规矩和程式到庙宇进香、捐纳就是行香走会。旧时到妙峰山行香走会总的规矩是"拢幌自备,茶水不扰。虔诚上山,戴福还家"。即这些香会的所有费用都是自己筹集,行香走会期间向香客及其他香会提供的所有布施、服务都是义务的,不收取任何费用,当然有些茶棚也不排斥香客的自愿布施。

大多数文会都是通过化缘集资的方式筹措资金的,有的香会仅由本会会员捐资,有的也到社会上募捐化缘,就如顾颉刚先生所言:"天津是商业中心,商人是有钱的,所以他们在香市中最占势力,送茶馒头,点燃煤油灯汽油灯的非常多。北京方面是完全由于捐款,他们有的向外募捐(如合义面茶老会会启上说的'普请助善'),有的只向自己会中募捐(如仝心秉善檀香素烛圣会会启上说的'永不外化'),有的虽不到外募捐,但也欢迎有人捐款(如希贤惜字老会会启上说的'本会并无缘簿在外募化,亦不勒令捐资,若有诸君随喜,乐为引善施助者,请登台衔入会')。他们没有天津人的阔,也没有庄稼人的稳,单就捐到的钱开销。"㊲这样通过众筹集资的方式可以保证香会能够较为长久地持续下去。农村的香会一般都是以乡村里社为单位的,筹款筹物相对比较简单,有浓郁的地域色彩和深厚的群众基础,因此能保持长久稳定,有不少百年老会就在城外农村地区。

武会的资金来源则与之不同,他们讲求的是"耗财买脸,抢洋斗胜",所有资金全是自筹的,没有向外化缘的,"武会没有化

图7-4-3:手持拨旗的香会会首(2019年)

247

缘的，都是自个儿花钱的，而且分文不取，毫厘不要，茶水不扰，车马自备"㊳。走会为的是积德行善，都是花钱，没有靠此挣钱的。武会的费用一般都是会首自己筹集。

## 三、贺会

京城的香会按照所处地区分为"井字里"和"井字外"，吴效群对此有详细解释："所谓的'井字'，是以皇宫为中心将北京城画为一个井字，'井字里'包括城里和它周边的一些郊区，如现在的朝阳、海淀等地。也就是说，除掉'井'字西南一角的所有地方，都属于'井字里'。'井字外'专指'井'字的西南一块，也就是今天的丰台花乡。"㊴因此，一般而言，"井字里"就是指城区内的香会，被认为是严守规矩、技艺高超且对娘娘诚心诚意，前文所提到的十六档香会都属于"井字里"香会，也称为会规以里的香会。

"井字里"的香会必须经过贺会程序才能算正式成立，被众香会认可，否则只能算是"黑会"，不能参加行香走会的活动，更不能上妙峰山进香。这类香会贺会时非常严格，一般是文会贺武会，武会贺文会，届时经前门外管理众香会的"会口"出面邀请德高望重的前引、会首和其他香会等前来，经过叫香、上香、开脸儿、点睛、授旗、拜祖师、读"大表"、行三参、致辞、踩街、安驾、摆请等一系列复杂程序，举行完这些仪式，就算这档香会正式成立，具备了行香走会、朝觐妙峰山的资格。而且，"新成立的香会必须连续三年上妙峰山走会进香，三年过去，没有发生什么失礼的事情，才算正式为北京所有的香会所接纳，才能够算是北京香会组织里的一个正式成员"㊵。

而城外各郊县农村地区的香会则被认为是"井字外"香会，其成立仪式则较为简单。㊶去妙峰山进香也无须经过其他香会的评判认可。而丰台花乡地区原来是著名的鲜花产地，经济富庶，他们的香会一般不遵守城里香会的规矩，而是本地香会自立规矩，而且他们多是到丫髻山进香，去妙峰山的则比较少。所以，过去"井字里"和"井字外"香会是各玩各的，谁也不理会谁。"井字里"的香会自诩规矩严谨，格调高雅，因而看不上"粗俗土气"的"井字外"香会，而"井字外"的香会也不理会"井字里"香会的复杂规矩。"井字外"香会的种类也比较多，不像"井字里"那样严格限制在"十三档"内发展（后来增至十六档）。

## 四、香会的规矩和程式

因为去妙峰山进香是非常严肃的奉神礼仪，以奉献、布施为目的，而绝不以牟利为宗旨，且行香走会正是本香会露脸树威的关键时刻，会众的行为举动、技能，是否熟悉规矩、礼仪等直接关涉本香会的声誉，所以在朝顶进香时，各香会都设定了非常严格的会规、会礼。走会走的就是规矩和礼节。"香会组织最完备之会规，虽然不是国家法律，但各会众存心信仰，皆以触犯规则为最耻。"[42]

香会的规矩有针对会员个人的，如妙峰山"普兴万缘净道圣会"会启规定："本把人等不准拥挤、喧哗玩戏，亦不准沿路摘取花果，以及食荤饮酒，一概禁止。人多，饮酒不免有乱性妄为，口角淫词等事。……恐其有失善道，不成体制。如不遵约束者除名不算。各宜戒之慎之！"妙峰山香会会规中也有规定："各会诸棚各把众位老都管行香坐棚文武，当通全一体，必应互辅。若有各把惧有失神脱落之处，须破缝绽补，不令外人看出遗漏，以整局面。"[43]由此可见，为了保持香会组织的健康发展并在行香走会中不出事端，各香会对本会会众的行为都有较为严格的约束和规范。

更多的规矩是对于香会的，对香会的成立、香会之间的相遇交往、进香途中的礼节、进香的程序等都有很严格的规定。如香会成立要有贺会仪式；多档香会一起献艺时要遵从皇会最先、其次老会、最后圣会的表演次序；进香途中香会遇茶棚，需前去打知、参

图7-4-4：武会会首在茶棚前打知

图7-4-5：遇见茶棚，香会会首、都管等必须在茶棚都管面前以锣鼓"打三参儿"拜知，各持拨旗三躬身，旗顶相对，然后武会在茶棚前献档表演

驾、献艺表演等；香会相遇时也要互相打知，交换拜帖，而且遵从回香的礼让保香的、后来的不超前排的、唯有皇会是要给让道儿的等规矩。如有违反，轻者此香会向众香会公开赔礼道歉，重者将被除名，此后再无法行香走会，无法再登妙峰山。

而且香会内部组织严密，行动统一，会中人、物等都有专称。过去香会内部大都有如下职司：引善都管——或称香首、副香首，是香会的领导者，俗称"会头""把儿头""会首"等；催粮都管——负责收取会费，建立会费账目等；请驾都管——负责本会的各种规矩、礼节的执行；钱粮都管——负责采购供品（娘娘的钱粮）；司库都管——负责管理会中财务；中军、哨子都管——负责本香会在进香途中的安全和巡防工作；车把都管——管理畜力车辆；厨房茶房都管——负责进香期间的伙食；女香客称为"信女"，一般在香会中不供职。走会时，武会一般分两部分，一是角色（演员），专事表演；二是管理人员，负责管理会中各种事务，根据其负责事务不同，又有分工，即"把儿"，如钱粮把儿、大车把儿、忠和把儿和神堂把儿等，每把儿有一主事者，称为"把头儿"（尊称"都官"或"督管"）。[44]香会中最主要的是"会首"，正会首可以是一两人、三四人，也可以是十数人。正会首以下一般设若干副会首、承办会首或当月会首。

香会进香有严格的走会程序，一般按照设坛、出会、叫香、保香、献艺、进香、回香的程式进行。

正如吴效群所言："妙峰山上香会组织无私周到的服务，他们对规范的强调以及建立规范的努力，保证了庙会活动的秩序和神圣性。在这种氛围里，目标明确、目的单纯的香客能够一心一意地从事他们的信仰活动。不但如此，香客们还可以从香会组织周到的服务中，生动形象地感受到碧霞元君的仁慈、伟大和法力无边，更加强了对碧霞元君信仰的信心。再就是，香会组织那令人崇敬和羡慕的表现，在给普通香客以深刻印象的同时，也使他们成为香会组织潜在的后备力量。"[45]这也正是妙峰山庙会多年来一直昌盛不衰的重要因素,在信众心中,到妙峰山行香走会是神圣而崇高的事情,不同于逛一般的其他庙会。

## 第五节 历史与现实的流变

20世纪三四十年代,由于战乱,妙峰山、丫髻山及城内的一些庙会陆续停办,香会表演也大为减少。20世纪50年代以后,由于烧香拜佛等活动与新社会所倡导的思想观念不相符合,因此香会中的文会——服务于进香活动的茶棚和献贡会迅速萎缩,而传统民间文艺表演则经常被用于进行群众性的政治宣传活动,因而以传统民间文艺表演为主的武会得以保存下来,由于嫌"香会"二字带有"封建迷信"之意,故改作"花会"。㊻"文化大革命"时,庙宇、庙会及花会都被当作封建残余扫除殆尽。新时期花会恢复活动始于1983年元宵节当天,当时,著名的花会会首隋少甫先生在崇文区政府的支持下,组织了四档花会在一个小胡同里表演,吸引了大批观众。自此以后,花会表演重新开始并得到了广大群众的喜爱和支持。但是,此时期的"花会"已经和之前的"香会"性质有了很大不同,其宗教性质大大减弱,不再是为娱神,而是完全变成了群众自娱自乐的民间文艺表演组织。每逢大的节庆,这些"花会"组织就会响应政府号召,在各种场合进行表演。

而"花会"再次与"庙会"扯上关系,则是又过了几年。自20世纪80年代中期开始,为了发展京西旅游,妙峰山开始重建娘娘庙等殿宇,1990年,在历史上妙峰山传统春季庙会举办的时间里,隋少甫先生召集了京城10档花会前来表演,受到了涧沟村村委和广大群众的热烈欢迎,但是却遭到了门头沟区政府的阻挠,并将其认定为"非法的宗教迷信"活动予以制止。此后两年时间,各档花会只能悄悄前来，但并未中断。直到1993年，有北京市领导到此考察时，对花会组织来此表演予以肯定，此后，门头沟区政府才放下包袱，并以区政府名义牵头组织每年的庙会和花会表演。所以，新时期妙峰山庙会的开端，涧沟村和各花会组织认为是从1990年隋少甫上山开始为第一届庙会，而官方则不认可前三届的民间活动，认为是从1993年开始为第一届妙峰山庙会。这其实显示出民间组织与政府之间的博弈，对花会组织而言，恢复妙峰山庙会，实际上是恢复固有的信仰传统，他们接续了原来的历史，继续为碧霞元君当差服务，而对于政府而言，刚一开始，主要是从发展旅游事业方面进行考虑，宗教信仰仍是其所要淡化甚至回避的内容。近些年来，受益于国家的非物质文化遗产保护政策，妙峰山庙会于2008年入选第二批国家级非物质文化遗产名录体系，庙会及花会服务、花会表演所蕴含的传统文化的元素受到重视并予以重点宣传，花会上山成为政府方面积极鼓励的事情，而且作为庙会的管理方，当地政府为进香花会也提供了很多服务和便利条件。可以说形成了花会组织与政府间的良性合作，妙峰山庙会又呈现出欣欣向荣的气象。

  但是，中断近50年又恢复的民间花会，与传统的进香香会之间还是有诸多的差异。一方面，新时期花会力图在最大限度上恢复香会的旧传统与旧规矩，如贺会、进香走会、打知、参驾等，但这只是一厢情愿的事情，随着历史的发展，时代在变化，很多旧规矩已经不能适应新社会的需求，如贺会制度，仅仅保留在一些较为传统的花会中，更多的花会并不遵守这一传统。庙会期间，一些民间文艺团体为了凑热闹也前来表演，一则他们没有为老娘娘当差服务的虔诚之心，二则也不是传统意义上的"香会"，任何民间艺术团体只要想去妙峰山进香，都可以上去表演，可以说是"来者不拒"。文会方面，由于盘山公路一直修到庙门口，原初在路上提供服务的茶棚及香会都再无存在的必要，仅在山顶妙峰山景区内保留了区区数档茶棚在此守驾，遵守传统为香客、香会提

图7-5-1：杠箱会中女孩子也成了主力

供粥、茶、馒头、咸菜、苹果等饮食，还有少数虔诚的花会组织为庙里捐赠鲜花、香烛及资金，但相对于鼎盛时期的数百家文会，目前文会基本上萎缩殆尽。另外，对武会而言，在最初几年靠着原来参加过香会的老一辈香会会员的支撑以及当地政府为发展旅游而鼓励成立花会的影响，京城花会发展一度出现小繁荣景象，1993年政府组织的第一届庙会上共来了51档花会，此后每年递增，2000年之前妙峰山管委会保存的"金顶妙峰山花会名录表"上已记录有155个香会组织前来进香[47]，2012年，这一记录达到198个[48]。每年前来进香的香会组织数量维持在150档上下，当然，这些名录中也包括一些完全不懂得花会会规的演出队、艺术团等民间演艺组织。为了更好地传承、发展妙峰山香会文化，2012年门头沟区政府在距离妙峰山娘娘庙15公里的桃源村的一座废弃矿山上建起了"妙峰山香会博物馆"，博物馆分上下两层，占地6000平方米，气势恢宏，2014年9月正式对外开放，2017年又重新改陈布展，不过来此参观的人极少。

随着老一辈香会会员的逐渐故去和城区、城郊的大面积拆迁，如同其他非物质文化遗产项目一样，京城花会组织也出现了无法

第七章 妙峰山的香会

图7-5-2：传统妙峰山庙会中根本不可能出现的舞龙现在也堂而皇之地前来进香

传承的窘境，原来仅靠会首出资的传统办会模式也受到极大冲击，单靠个人力量很难将一档花会长久维持下去，所以一些花会逐渐演变成了靠挣出场费为目的的营利性组织，这与传统的香会组织"分文不取，毫厘不要"的规矩是背道而驰的。管委会为了吸引花会组织前来，庙会期间，给他们提供不少便利条件，有时还会有一些补贴。信仰的力量在现今的庙会中逐渐弱化，无论是诸多花会组织还是普通民众，他们登顶妙峰山的主要目的不再仅仅是为了信仰，更多的人是来观光旅游或者娱乐。据2001年妙峰山管委会的统计数据显示，当年10月14、15日上山的游客，67％的人是以观赏度假为目的，占三分之二，而仅有29％的人是为了烧香拜佛，不到三分之一。[49]而在1925年，李景汉的调查中，香客中为还愿、救助解难及香会的占到了80％—90％，仅有10％—20％是为游览山水而来的。[50]

因此，在妙峰山庙会越来越繁荣的背后，显现出传统花会组织的传承困境也越来越明显，也许，不久的将来，"为娘娘当差"的口号真会成为历史。

[注释]

① 《高僧法显传》，载《大正新修大藏经》第51册，第2085部，第865页。

② 《南海寄归内法传》卷四，载《大正新修大藏经》第54册，第2125部。

③ （唐）李延寿：《南史卷二十一·列传第十一·王僧达传》，宋刻本，陕西师范大学出版总社汉籍数字图书馆。

④ 岳永逸主编：《中国节日志·妙峰山庙会》，光明日报出版社2014年版，第72页。

⑤ （明）沈榜：《宛署杂记》卷十七，北京古籍出版社1982年版，第191页。

⑥ （明）王穉登：《吴社编》，广百川学海本，陕西师范大学出版总社汉籍数字图书馆。

⑦ （清）顾禄撰，王遇点校：《清嘉录》卷三，江苏古籍出版社1999年版，第82页。

⑧ 常人春：《老北京的风俗》，北京燕山出版社1996年版，第72页。

⑨ 奉宽：《妙峰山琐记》卷四，国立中山大学民俗学会1929年版，第106—107页。

⑩ 杨金凤编著：《京西民谣》，北京美术摄影出版社2016年版，第153页。

⑪ 奉宽：《妙峰山琐记》卷二，国立中山大学民俗学会1929年版，第37页。

⑫ 常华等：《妙峰香道考察记》，北京出版社1997年版。

⑬ 岳永逸主编：《中国节日志·妙峰山庙会》，光明日报出版社2014年版，第73页。

⑭ 《妙峰山的香道、香客、香会——为纪念妙峰山民俗学考察八十周年而作（2005年）》，http://blog.sina.com.cn/s/blog_a1f4e3ff0102x8cj.html。

⑮ 《妙峰山的香道、香客、香会——为纪念妙峰山民俗学考察八十周年而作（2005年）》，http://blog.sina.com.cn/s/blog_a1f4e3ff0102x8cj.html。

⑯ 顾颉刚：《妙峰山的香会》，载顾颉刚编著《妙峰山》，上海科学技术文献出版社2014年版，第73—74页。

⑰ 顾颉刚：《妙峰山的香会》，载顾颉刚编著《妙峰山》，上海科学技术文献出版社2014年版，第53页。

⑱ 包世轩编著:《妙峰山庙会》(上),北京美术摄影出版社2014年版,第40页。
⑲ 杨金凤编著:《京西民谣》,北京美术摄影出版社2016年版,第169页。
⑳ 李景汉:《妙峰山"朝顶进香"的调查》,《社会学杂志》第二卷,1925年第五、六号合刊。
㉑ 西山老闫:《妙峰山庙会茶棚》,http://blog.sina.com.cn/s/blog_492d75e10100de9y.html。
㉒ 奉宽《妙峰山琐记》中统计各类茶棚计89座。
㉓ 顾颉刚:《妙峰山的香会》,载顾颉刚编著《妙峰山》,上海科学技术文献出版社2014年版,第62、61页。
㉔ (明)刘侗、于奕正:《帝京景物略》卷二,上海古籍出版社2001年版,第103页。
㉕ (清)潘荣陛、富察敦崇等:《帝京岁时纪胜 燕京岁时记》,北京古籍出版社1981年版,第61页。
㉖ 顾颉刚:《古史辨自序》(上册),商务印书馆2011年版,第79页。
㉗ 奉宽:《妙峰山琐记》卷四,国立中山大学民俗学会1929年版,第107页。
㉘ 《列子·说符篇》。
㉙ 北平民社编:《北平指南》,北平民社1929年版。
㉚ "沉子"类似铙子,比云锣略大一些,常挂在"Γ"形木架上,用木槌敲击。
㉛ 另外还有雪池五虎棍及翰林院五虎棍也是官办香会,故也称"十档官会"。
㉜ 吴效群:《皇会:清末北京民间香会的最高追求》,《民间文学论坛》2005年第3期。
㉝ (清)徐珂编辑,无谷、刘卓英点校:《清稗类钞》,书目文献出版社1984年版,第398页。
㉞ 金勋:《妙峰山志》,手抄本,首都图书馆藏,第2页。
㉟ 《中国民间歌曲集成》全国编辑委员会、《中国民间歌曲集成》北京卷编辑委员会:《中国民间歌曲集成·北京卷》,中国ISBN中心1994年版,第64页。
㊱ 奉宽:《妙峰山琐记》卷四,国立中山大学民俗学会1929年版,第133页。
㊲ 顾颉刚:《妙峰山的香会》,载顾颉刚编著《妙峰山》,上海科学技术文献出版社2014年版,第21—22页。
㊳ 岳永逸主编:《中国节日志·妙峰山庙会》,光明日报出版社2014年版,第198页。
㊴ 吴效群:《妙峰山:北京民间社会的历史变迁》,人民出版社2006年版,第80页。
㊵ 吴效群:《皇会:清末北京民间香会的最高追求》,《民间文学论坛》2005年第3期。
㊶ 参考苗大雷《走进日常生活的妙峰山香会组织研究——基于北京32档香会

㊷ 调查的再考察》,《文化遗产》2015年第2期。

㊷ 金勋:《妙峰山志》,首都图书馆藏,第4页。

㊸ 顾颉刚:《妙峰山的香会》,载顾颉刚编著《妙峰山》,上海科学技术文献出版社2014年版,第22—23页。

㊹ 隋少甫、王作楫:《京都香会话春秋》,北京燕山出版社2004年版,第7页。

㊺ 吴效群:《妙峰山春季庙会风格研究》,《民族艺术》2009年第4期。

㊻ 吴效群:《妙峰山:北京民间社会的历史变迁》,人民出版社2006年版,第230—231页。但是,妙峰山庙会在申报国家级非物质文化遗产的时候,为了突出其历史延续性,又改称香会。本书中,一般在1949年之前的称为"香会",而目前的则称作"花会"或者"香会",二者在内涵及外延上完全一致,因此可以互用。

㊼ 萧萍:《妙峰山进香花会音乐的当代遗续》,中央编译出版社2017年版,第45页。

㊽ 笔者于2012年妙峰山庙会期间在妙峰山管委会抄录。

㊾ 吴效群:《妙峰山:北京民间社会的历史变迁》,人民出版社2006年版,第241页。

㊿ 李景汉:《妙峰山"朝顶进香"的调查》,《社会学杂志》第2卷,1925年第五、六号合刊。

# 第八章 民俗学及非遗框架下对妙峰山庙会的研究

## 第一节　20世纪上半叶对妙峰山的民俗学考察

中国近代民俗学是伴随着中国近代的新文化运动而产生的，辛亥革命结束了中国两千余年的封建制度，面对世界资本主义的迅猛发展和殖民主义的侵略，建设民族的新文化已经成为20世纪初中国社会的时代最强音。举国上下掀起了一场批判旧思想、旧道德、旧文化，提倡新思想、新道德、新文化，提倡科学与民主的新文化运动，中国近代民俗学也因此而兴。最早开始关注民间文化的当属蔡元培和鲁迅。蔡元培在1905年翻译了日本的《妖怪学讲义》，鲁迅则于1913年12月在教育部《编纂处月刊》上发表了《拟播布美术意见书》一文，提出："当立国民文术研究会，以理各地歌谣、俚谚、传说、童话等；详其意谊，辨其特性，又发挥而光大之，并以辅翼教育。"但当时并未引起注意。到了1918年，北京大学校长蔡元培在刘半农、沈尹默等人的倡议下，在同年2月1日的《北京大学日刊》刊登了《校长启事》，提出在全国范围内征集民间歌谣的倡议，并随即成立了"歌谣征集处"以主持其事，由此开启了向民间学习、整理民间文化的新思潮。1921年底，北大研究所成立国学门，这是"中国现代最早建立并成功运作的人文学术研究机构"[①]，歌谣研究会并入其中。1922年12月17日，北京大学创刊成立了《歌谣周刊》。1923年1月，歌谣研究会决定扩大收集

图8-1-1：天泰山慈善寺香会碑

范围，除歌谣外，还要收集、研究神话、传说、童话故事、风俗、方言等资料。1923年5月24日成立了北京大学风俗调查会，不久又组织和发动歌谣研究会、风俗调查会会员进行妙峰山、东岳庙、白云观和财神殿的民俗调查。顾颉刚等人对妙峰山的调查就是在此背景下进行的，起初他们搜集的目的仅是为了创立新文学。

其实，早在1918年顾颉刚还在北京大学上学的时候，对刘半农等人发起的歌谣征集活动就很感兴趣，他花了一两年工夫搜集到歌谣数百首,还搜集了一些关于方言、谜语、谚语、唱本、风俗、宗教等的资料。1919年,他写下了第一篇民俗研究文章——《一个"全金六礼"的总礼单》,这是其研究民俗学的开端。1920年,顾颉刚在北大毕业并留校任助教,继续从事歌谣、民俗的搜集、整理工作。1923年底,他开始担任《歌谣周刊》编辑并成为主要撰稿人,专事民俗学、民间文艺研究,并发表了多篇研究文章。1924年,他在《歌谣周刊》上连载了《吴歌甲集》,同年底又发表了《孟姜女故事的转变》一文,一时名声大振。可以说,在考察妙峰山庙会之前,顾颉刚就已经在民俗学研究方面取得了相当的成就,并形成了自己的民俗学研究方法:"首先是不厌其烦地抄录调查对象的全部目录,再对目录内容进行详尽的归类和分析,或者佐以古代礼制的比较和说明。"② 在对妙峰山庙会的考察上,他采用的也是这种方法。

顾颉刚在京求学和工作多年,每年春节过后就会看到京城街道上贴有很多进香的会帖,他起初并未在意,也没有将其纳入自己的研究范畴。1920年和1924年,他和友人曾两次去西山游历,亲眼目睹了沿路的小庙(茶棚)在非庙会期间和庙会期间冷清与热闹的迥异状况,由此他才联想起之前在城内看到的满街的香会进香会帖的作用,并产生了极大的研究兴趣,于是在1925年妙峰山庙会时正式前去考察。他所写的《妙峰山的香会》一文,洋洋洒洒数万言,共分10个部分,对民众朝拜碧霞元君的盛况作了考察研究,其研究方法沿袭了之前歌谣搜集时的传统,对于各种材料尽可能多地收集:他们收集了城内和香道上的各种会帖、碑刻,看到了香道上各种茶

图8-1-2:给娘娘上表　1924—1927年　西德尼·戴维·甘博摄

棚、香会、香客的种种情态，并通过此来研究香会的组织、分类、清代的香会情况、本年度的香会情况以及进香程序等，此外还探讨了香会的来源及明代北京碧霞元君信仰情况，分析了香客朝顶祈福的心理愿望，可谓是"中国现代民俗学第一次科学严谨的田野调查"。由于顾颉刚等人对妙峰山庙会只进行了三天考察，此次考察并不算深入，因此对于香会组织成员、香会存在的社会背景、香会与碧霞元君信仰的关系、香会间的关系、香会及其所用物品的象征意义等问题都未能进行深入研究，但这并不妨碍《妙峰山的香会》一文对妙峰山庙会进入中国近代民俗学研究范畴的开创性意义。

顾颉刚等五人对妙峰山的考察，"整理的结果，在《京报》副刊上连出了六次的《妙峰山进香专号》。那时颇激起社会的注意"③。钟敬文先生曾评价说"几位青年学者做了一件惊人的学术事情"，"我们谁能够否认他们是件破天荒的工作，而且是件启发伟大的未来的工作"？"他的成功在于能打破传统的学术方式，以'科学方法'观照民俗材料，这种学术方式的出现呼应了时局的召唤，马上引起学界的强烈反应。"④1927年，歌谣研究会的主要成员顾颉

图8-1-3：五虎棍 1924—1928年 西德尼·戴维·甘博摄（左）

图8-1-4：舞狮 1924—1929年 西德尼·戴维·甘博摄（右）

刚、容肇祖、董作宾、钟敬文等人在广州国立中山大学语言历史研究所成立民俗学会，第二年该民俗学会将《妙峰山进香专号》列入"民俗丛书"结集出版，名《妙峰山》，收录了29篇文章，除《妙峰山进香专号》的文章外，还有几篇顾颉刚收集的有关妙峰山进香的文章。

　　就在顾颉刚等人去妙峰山考察的前两天，时任北平社会调查所干事的李景汉先生也和三位美国友人一起去考察了妙峰山庙会，行程、用时、路线等均与顾颉刚等人一样，只不过时间上早了两天，他们一行自南道下山时，顾颉刚等人才自北安河上山，所以他们错过了在山上见面的机会。他此行原是为三位美国人做翻译的，顺带也进行了考察。李景汉于1917年留学美国，专攻社会学及社会调查研究方法。1924年他自美国留学归来后，在北京开展各种社会调查。他所用的是西方社会学的调查方法，与顾颉刚等人的研究方法有区别但也有相同之处。考察回来后，李景汉先生写了《妙峰山"朝顶进香"的调查》一文，于同年发表在由中国社会学社出版发行的《社会学杂志》第二卷，第五、六号合刊上，稍迟于顾颉刚等人的《妙峰山进香专号》，他在写作该文时参考了顾颉刚的《妙峰山的香会》及容庚的《碧霞元君庙考》，并引用了二人文中的一些资料。李景汉的文章是第一篇在学术刊物上发表的有关妙峰山庙会的文章，虽然该文无论从内容还是影响力上都远不及顾文，但是也有其独特之处。李景汉敏锐地看到当时中国正处于"西风东渐""新旧迭更"的关键时期，社会将要发生重要变革，因此"当乘此时调查记载，为现在与将来社会研究的资料。不然，恐怕将来没有考察的机会了"。他认为，对于调查者而言，调查就是先要做好忠实的记录者，要保持中立的态度，无论对任何问题都不可抱有成见，必须"报告事实"，好做别人研究的资料。中国旧社会风俗习惯中，有很多是"可宝贵的"，也有许多是当废除的，"至于何者宜保存，何者宜废除，非有精密的调查与研究，必致玉石俱焚，与社会的进步与退化关系不浅"。实际上是对调查者提出了很高的要求，先要记录，然后再深入思考其与社会进步的关系。他还说："查出中国种种优良的性质与行为，设法增进与鼓舞他们的发展；又一方面，查出与人类社会进步相反对的各种不适应的劣性与恶行，设法阻碍他们的延长与革除他们的存在，更是我们中国改良社会学家特别的责任。"正是抱着这样的目的与责任，李景汉前来考察这档享誉京城的庙会，并认真记录了自己所见到的一切事象，他是从社会学的角度来看待妙峰山庙会的，在一定程度上视域较顾颉刚等"浪漫的文学家"更为宽广。他说："我以为凡是在生命中已成的各种习惯，都是由于人性中各部分的要求。……以现在平民的程度而论，妙峰山'朝顶进香'的风俗，实在与他们的人生幸福有不少的帮助，若主张废除这种迷信的进行，必须增加他们科学上的知识，与提高他们生活的观念，为他们找出他种高尚的娱乐，而更能满足他们春游的天性和宗教的信仰，或感情的发泄。在他们的教育程度和环境没有进步以前，我很不舍得他们从妙峰山所得的自然的快乐和满足的安慰，不必须的被抢夺了。"⑤他很宽容地看待妙峰山庙会，并且认为"朝顶进香"习俗满足了当下民众的自然和心理需求，有其存在的社会必然性，社会还没有发展到能够废除这一风俗的时候。李景汉是真正受过西方学术训练的人，其社会研究的方法均源自西方社会学方法论，顾颉刚则

图8-1-5：路上的卖香者 1924—1927年 西德尼·戴维·甘博摄

第八章　民俗学及非遗框架下对妙峰山庙会的研究

图8-1-6：富路德、恒慕义、甘博
1924—1928年　西德尼·戴维·甘博摄

图8-1-7：富路德、李景汉、恒慕义
1924—1929年　西德尼·戴维·甘博摄

未留过学，甚至是从旧式传统教育下成长起来的，但二人的研究方法却有诸多相似，其原因在于顾颉刚受胡适思想影响很深，胡适着力倡导"科学的方法"，他吸取了达尔文和斯宾塞的历史进化论观点，在考察对象时注重用"历史的眼光""历史的态度""历史演进的方法"，力图还原历史的本来面目。⑥这些都直接影响了顾颉刚。因此，尽管二人的学科背景完全不一样，但最终却殊途同归。

与李景汉一起去妙峰山考察的三位美国人中，西德尼·戴维·甘博（Sidney David Gamble，1890—1968）不仅是一位出色的摄影家，而且还是一位杰出的社会学家；另外两位富路德（Luther Carrington Goodrich，1894—1986）和恒慕义（Arthur William Hummel，1884—1975）则都是著名的中国史学家。甘博不仅和李景汉一起参与了晏阳初在河北定县的乡村建设运动，合作开展定县调查的相关工作，而且还有多部关于中国社会的调查著作，对中国社会学的创立及社会调查工作的起步都有相当的贡献。早在1924年妙峰山庙会即将结束时,他就曾去游览过,但因未看到庙会的高潮,所以并未尽兴,因此翌年又邀请李景汉等人结伴再次前往。他所拍摄的54张妙峰山庙会的老照片和一段时长15分钟的影视资料⑦,真实地反映了当时妙峰山庙会的盛况,把妙峰山民俗文化表现得淋漓尽致,是研究妙峰山庙会极其难得的珍贵历史资料。他的这些照片和影像资料发表以后,在国外学术界产生了很大影响。此后,美、日、法、德、比及东南亚一些国家的学者相继前来考察妙峰山庙会。

顾颉刚和李景汉等人去考察妙峰山庙会时,还算是妙峰山庙会比较繁盛的时候,因而可以留下诸多历史材料。但是第二年的进香期,当时正值奉军初打进北京,人民极恐慌的时候,听说烧香的只剩数十人了。1929年5月,包括顾颉刚、朱自清、魏建功、白涤洲、罗香林、周振鹤等人在内的,来自燕京大学、北京大学、清华大学、中山大学等高校的13名学者组成"一八妙峰山进香调察团",再次对妙峰山庙会进行考察,但是,受战争等因素的影响,进香的人萧条得很,其繁盛远比不上1925年。不过,因为有之前的经验,顾颉刚在考察之前就为每个人指派了考察任务和要做的题目,并于1929年7月在国立中山大学语言历史研究所出版发行的《民俗》周刊第69、70期合刊上,再次结集为《妙峰山进香调查专号》出版,除了9篇文章和3篇附录外,还有魏建功等人拍摄的几十幅照片和插图等。有了上次的考察为基础,此次考察更为深入、具体,文章讨论的内容也更加细致、深刻,如周振鹤的《王三奶奶》及罗香林的《碧霞元君》迄今仍是该研究领域内非常重要的参考资料。此外,著名学者顾廷龙先生在燕京大学求学时,于1932年和1933年妙峰山春季庙会期间曾连续两次上山考察,并写了《妙峰山进香调查》(上、下)两篇调查报告。天津著名民俗学家、社会历史学家李世瑜先生也曾于1942年时考察过妙峰山庙会,他重点关注的是天津人与妙峰山庙会的关系,尤其是王三奶奶信仰。由此，民国时期，诸多民俗学家、社会学家纷纷对妙峰山庙会进行考察，并留下了风格各异的考察报告和著作，这使妙峰山成为民俗学考察的圣地，并被誉为中国近代民俗学的发源地。

当时，还有两本有关妙峰山庙会的著作比较重要：其一是奉宽先生的《妙峰山琐记》；其二是金勋的《妙峰山志》手抄本。奉宽先生算是对妙峰山庙会进行民俗考察的第一人[⑧]，他的《妙峰山琐记》实际上写在顾颉刚等人的文章之前，顾颉刚在未见到该书文稿之前，对他们之前的考察本来是很引以为傲的，他说："如果山上殿宇竟衰落得成了一座枯庙，则这本《妙峰山》真是可以宝贵了：我们这件工作总算抢到了一些进香的事实，保存了这二百数十年来的盛烈的余影！因为这个缘故，所以有人批评这本《妙峰山》编得不好的时候，我总回答道：'这是仅有的一部书了！这不是编制的好坏问题，乃是材料的有无问题！'"确实，当时学术界对于妙峰山庙会的了解还主要来自顾颉刚等人的考察，其影响实在不容低估。但是，1929年5月，顾颉刚偶然间在容庚那里发现了《妙峰山琐记》的稿本，"拿来一看，其中讲地理、讲古迹、讲风俗、讲道路、讲庙宇，都非常精密；而香会一项比我们所抄的竟多出了两倍余，尤出我的意外。把我们出版的《妙峰山》和它一比，显见得我们的质料太单薄了。我惊奇世上竟有这样一本正式研究妙峰山的著作；我又欣喜世上竟有这样一个注意民众信仰问题的学者！"这样一本使顾颉刚都感到"惊奇"与"欣喜"的书，看来确实是非常难得的。该书的作者奉宽先生是满族人，姓鲍，自号小莲池居士，曾在北京大学做过满文教师。他于清光绪丙申年（1896）首次奉母朝山进香，1914年以后又连年与妻、子同去。对于妙峰山庙会他有三十余年的见闻和经验，"加以他的浓厚的历史兴趣，到处寻访古迹，一碑一碣都经他的摩抄，所以他讲得头头是道，引用书证物证数百种，记载再切实不过"[⑨]。正因为这样，所以各条香道上的茶棚名目、会帖及其废兴的情形，他都能记载得非常清楚；

图8-1-8：卖香者铜像 妙峰山香会博物馆院内

妙峰山及其附近的庙宇、村庄、碑碣、塔像、风景，也都记录得很详尽。就连顾颉刚"读了这本书"，也觉得有"小巫见大巫"之感！确实是非常高的评价了！虽然作者作为旧式文人，其考察妙峰山庙会民俗采用的是旧式的采风、访古的办法，而非民俗学研究有组织、有计划的田野考察方式⑩，这部著作确实有其非常独特之处，作者作为有三十多年进香经历的老香客，可以说是这一民俗事象的"当事人"，他对于庙会、茶棚及碧霞元君信仰的情感及理解远较顾颉刚、李景汉等"外围观察者"更深刻，他结合多年的进香见闻以及沿途的碑帖、会帖、茶棚，又引经据典，考据、考证都非常细致，极其难得！顾颉刚亲自为之作序，由魏建功点校句读并配照片25幅，列入国立中山大学民俗丛书出版。

金勋的《妙峰山志》像是未完成的稿本，未正式出版，仅为抄本、线装，一册一函，无写作年代，据内容判断似作于《妙峰山琐记》之后。内容共分为52目，记述了各条香道、碑碣、茶棚、皇会等的情况，该书扉页上还用铅笔抄写了39个香会及其负责人的名称。

另外，还有金禅雨编辑、由名胜导游社于1936年出版的《妙峰山指南》，这是一个仅有19页正文的小册子，是为一般游客去妙峰山旅游而编纂的旅行指南。虽然内容简略，但面面俱到，对于要去妙峰山庙会者会有不少帮助，正因为是旅行指南，故有其他学术著作未有的独到之处：在介绍香道时，还介绍了各条香道所途经地点的详细路线、距离、出行的方式和费用等，比如北道自西直门至北安河村的车费："西直门至北安河村共用汽车一元，人力车六七角，脚驴四五角，趟子车二角左右。"自北安河村至山顶："山轿，俗名爬山虎，每乘四人或六人，连轿底钱及酒钱共四元左右。背子价目不等，分东西多寡而定，自二角至一元之普。"⑪此外还介绍了行大愿拜香、食宿、各种服务及物品的价格、行香规矩及注意事项等，甚至还谈到了如何施舍乞丐，可谓事无巨细。虽非专门的学术著作，但也可于此了解当时去妙峰山进香的诸多现实状况。

当时，民国政府对于北京的庙宇也有过一些调查或普查，但这些调查或普查乃是基于庙宇管理而进行的，但是也提供了一些庙宇的具体信息，如北京地区的碧霞元君祠统计数据及名称等，对于研究北京地区碧霞元君信仰也是极有帮助的。

除去奉宽、金勋和金禅雨外，20世纪上半叶，学者们对于妙峰山庙会的民俗学、社会学考察多是在新文化运动的背景下进行的，新文化运动的倡导者们提出"民主与科学"的口号，他们一方面觉得中国传统的儒家文化是阻碍社会发展的桎梏，决心革除之，因此提出了"打倒孔家店"的口号，同时又觉得中国底层民众民间文化中蕴含着自由、民主与科学的精神，因此又提出了"向民间去"的口号，正是基于此，才孕育了中国近代民俗学、社会学，新文化运动为研究民间文化提供了新的视角和思想动力，同时也为其提供了

图8-1-9：石锁

新的研究方法。中国的民俗学是从民间歌谣搜集肇始的，所以自一开始就非常重视田野普查的工作，顾颉刚等人此前已经从事过歌谣搜集及民间传说故事搜集的工作，他们又将此方法用于对妙峰山庙会的考察，可以说，民国时期的学者对于妙峰山庙会的考察与研究，无论是从学术理念还是方法论上都具有开创性的意义。

## 第二节　新时期民俗学复兴背景下对妙峰山庙会的研究

20世纪30年代中期以后，妙峰山庙会经历了半个多世纪的沉寂，对其的研究也几乎处于停滞状态。直至20世纪八九十年代以后，随着妙峰山庙宇的重建和庙会的重新举办，对妙峰山庙会、香道、香会及碧霞元君信仰等的研究也逐渐开始复兴，而此时的中国，正处在改革开放的初期，在"解放思想，实事求是"思想路线的指导下，学术界也迎来了春天，在此契机下，学界掀起了一股妙峰山庙会研究的热潮，一时间中外民俗学者、社会学者、历史学者、宗教学者、地理学者等各类学者云集，各种研究成果层出不穷。

## 一、民间学者的考证与探索

北京西、北、东三面环山，自古就有"北枕居庸，西峙太行，东连山海，南俯中原"之说。西部山地，北起昌平南口的关沟，南到房山拒马河，绵延数百里，属太行山余脉，史称"神京右臂"。西山层峦叠嶂、林海苍茫、烟光岚影、风景四时俱胜，且庙宇众多，区域内佛、道及民间信仰体系诸多庙宇星罗棋布，每年游人、香客云集。早前，位于西山的石景山模式口天泰山慈善寺庙会，门头沟仰山栖隐寺药王庙会、妙峰山庙会、潭柘寺法会、戒台寺庙会、海淀香山碧云寺庙会、法海寺庙会、大觉寺庙会，昌平龙泉寺庙会等诸大庙会每年都吸引大批香客、香会前来进香拜佛，因此在山间也形成了多条进香古道。尤其是在妙峰山庙会期间，半个月时间内，从城内通往西山妙峰山的四五条香道上香客、香会络绎不绝，同时每隔几里就有一座茶棚供香客喝茶、喝粥、歇脚，而且每年庙会开始之前，诸多香会还会提前义务修桥补路，保障进香道路通畅。但是20世纪三四十年代以后，随着西山地区各庙会的逐渐停办，这些存在了数百年的进香古道逐渐废弛，道上的茶棚、庙宇、古塔等大多也已坍塌，很多仅留下断壁残垣，有的甚至连遗址都荡然无存。新时期以来，虽然妙峰山庙宇和庙会又重新修复开启，但是由于交通状况极大改善，游客及香客无须再翻山越岭走旧香道进山，这些古香道已失去了其原来的意义，变成了登山爱好者及民俗、考古爱好者心中的"圣途"。

这些废弃的古香道和京西民俗信仰吸引了一大批对地方民俗文化感兴趣的专业及业余人士前来探访考察，这其中尤以北京史地民俗学会最为突出。北京史地民俗学会创建于1989年5月，是具有半官方性质的民间社团组织，主要关注北京的历史、地理、民俗等研究，其成员既有各领域内的专家学者，也有一些对此感兴趣的民间学者，有些成员对京西民俗、庙会及古香道一直保持高度的研究热情。学会自有杂志《北京史地民俗》时常会刊登一些有关这方面的研究和考证文章，同时还会不定时出版史地丛书，其中《妙峰香道考察记》是关于妙峰山古香道介绍最详尽的著作。

自1995年6月开始，北京史地民俗学会专门派出由白鹤群、张振华、吴雁、熊英、常华等人组成的调研小组，深入昔日妙峰山朝顶进香古香道及娘娘庙考察、研讨。历时两年多，收集了大量有关的民间传说、逸闻轶事，拓碑100余张，拍摄文物古迹照片1800余张，访问村民130余人次，最终由常华执笔撰写了《妙峰山

图8-2-1：虽是在庙会期间，但是妙峰山景区门口的卖香摊位上鲜有客人问津

香道考察记》一文，全文6万多字，收集在"海淀史地丛书"之《妙峰山香道考察记》（文集）中，于1997年由北京出版社出版。北京史地民俗学会为此还专门成立了"妙峰山研究会"进行系统深入的研究。其实，常华先生自20世纪80年代中期就开始对当年进香古香道上的茶棚、碑碣、文化圣迹等进行全面系统的踏勘、考证和研究工作。他曾多次沿着昔日进香的五条古道，细致认真地一一考察茶棚遗址，古建文物；与灵宫殿的住持普月也有过长谈；为更深入了解这些民俗，他还与放牛人、养蜂人、巡山人、护林人等结交朋友[12]。这篇长文是迄今为止对古香道考证最翔实、最细致的著作，后来很多有关古香道的描述多借鉴于此。还有很多类似于常华先生这样热衷于本地文化历史考察的民间学者，他们也写了很多这方面的考证、研究文章，尤其难能可贵的是拍摄了大量照片。20世纪90年代初，妙峰山景区管委会还成立了"妙峰山民俗文化调研组"，并用半年时间走访调查编写了《妙峰山王三奶奶传说》一书。

这些民间学者或社会团体大多是基于爱好或其他需求而对妙峰山进行研究、考证，他们中的大多数人没有受过民俗学或人类学方面的专业学术训练，对这些学科的学术范式、研究方法等并不熟悉，他们对于民俗的研究很多仍采用传统的"采风问俗"方式，书证和物证考据普遍比较详细，但缺乏更深层次的理论分析和研究。不过，他们也有自己的优势，即他们一般都是生于斯、长于斯，这些民俗事象都包含在其自幼传承的文化中，其自身就是这些民俗事象的践行者和传承者，对于民俗事象内核的理解更加深刻。如被誉为香会泰斗的隋少甫先生，出身于香会世家，其父是清末皇家"内八档"中兵部杠箱会的杠箱官，热衷于行香走会，香会知识非常丰富。11岁时他拜师奎世峰学习自行车车技，后来又拜在京城四大前引之一的景荣门下学习香会会规。18岁时（1939年）任京城"万里云程踏车圣会"会首，曾带一帮青年会员上妙峰山进香，同时他还是有着悠久历史的"杠箱会"的唯一传承人。20

图8-2-2：天后宫过会图（局部） 清 无名氏绘 中国国家博物馆藏 采自《绘画卷（风俗画）/中国国家博物馆馆藏文物研究丛书》

世纪80年代初期,隋少甫先生率先在京城恢复了"万里云程踏车老会"的活动,并于1990年首次率队到妙峰山表演,由此揭开了新时期妙峰山庙会的序幕。为了传承香会,他毅然卖掉了自家的三进宅院。隋少甫与著名民俗学家王作楫合著了《京都香会话春秋》一书,"全面介绍了京城花会的历史沿革以及各种规矩套路,尤其是重点记述了妙峰山庙会中的各档花会,为后人研究北京的民俗文化提供了不可或缺的翔实史料[13]。"若非浸淫其中数十载,恐怕无法详尽香会内中详情。

由于大部分本地域内的民间研究者是带着信仰的成分来看待这些民俗事象的,因此也容易造成其有意无意间对之过度渲染、拔高,将其神圣化,甚至对一些材料不加分辨地进行使用,将演义、传说等当成证据,以讹传讹,缺乏应有的学术规范和中立立场。这是应该引起注意的地方。

## 二、来自民俗学界的专业研究

历经十年"文化大革命",中国的学术已经千疮百孔。1978年夏,顾颉刚、杨成志、钟敬文、马学良、白寿彝、罗致平、杨堃等七教授上书中国社科院领导,呼吁筹建民俗学科及有关机构,即著名的"七教授上书"。1983年,中国民俗学会正式成立,由钟敬文担任理事长。至此,新时代中国民俗学科才又重新兴起,北京师范大学中文系还设立了民俗学博士点,以钟敬文为首的老先生们培养了国内第一批民俗学学者。20世纪90年代,在妙峰山庙会重新举办以后,立刻引起了国内外民俗学界的极大关注。1992年,美国普林斯顿大学历史系教授韩书瑞女士(Susan Naquin)在对妙峰山庙会考察之后,撰写了《北京妙峰山的进香之旅·宗教组织与圣地》一书,使妙峰山获得了国际声誉。此后,比利时的付洛丽、法国人类学导演范华(Patrice Fava)等一批国际知名学者都对妙峰山庙会有过专门论著。[14]

依托于北京师范大学、北京大学、中国社科院及中央民族大学等京城著名高校及科研单位的民俗学研究机构,国内的学者对妙峰山庙会的研究更加深入和广泛。1995年正值顾颉刚等先生考察妙峰山庙会活动70周年,庙会期间,中国旅游文化学会旅游民俗专业委员会在妙峰山举办了首届《中国民俗论坛》,年逾九旬的民俗学泰斗钟敬文先生亲上妙峰山参加会议。会后,出版了论文集《妙峰山·世纪之交的中国民俗流变》,这是新时期以来对妙峰山民俗研究的第一次重要总结。2005年是顾颉刚等先生考察妙峰山庙会活动80周年,庙会期间中国民间文艺家协会、中国民俗学会等单位联合召开了"纪念妙峰山民俗考察80周年学术研讨会"。国内外民俗专家学者提交数十篇论文,内容涉及妙峰山庙会调查的学术史地位、妙峰山民俗、华北地区庙会与村落民俗、门头沟区民俗文化、社会变迁中的民间文化遗产与文化产业等研究论题。⑮这是对妙峰山庙会研究的第二次重要总结。会议期间,还在妙峰山竖立了"中国民俗学调查纪念碑"。

此外,自20世纪90年代始,许多青年学者纷纷来妙峰山进行民俗考察,并将其作为自己硕博学位论文选题。北京师范大学1998届民俗学博士研究生吴效群的博士论文《北京的香会组织与妙峰山碧霞元君信仰》,探讨了"行香走会"制度的历史象征意义,他认为妙峰山在历史上就是北京民间社会的"象征的紫禁城","行香走会"制度是民间社会自己构想的一套以碧霞元君信仰为核心的等级制度,这种进贡式的进香活动以及途中所产生的临时性的香会等级划分是在模仿现实社会的政治制度。吴效群此后还发表了多篇相关论文来探讨此论题,可以说是新时期对妙峰山庙会研究最为深入者。以此博士论文为基础,2006年和2007年,吴效群又分别出版了《妙峰山:北京民间社会的历史变迁》和《走进象征的紫禁城:北京妙峰山民间文化考察》两部著作。⑯北京师范大学2002届民俗学博士研究生王晓莉的博士论文《碧霞元君信仰与妙峰山香客村落活动的研究——以北京地区与涧沟村的香客活动为个

图8-2-3：双石

案》着重探讨了妙峰山庙会中的香客及其村落活动；北京师范大学2007届博士研究生韩同春的博士论文《京西庄户—千军台幡会——村落联合体的文化认同》则是将民间香会团体当作个案研究。相关的硕士论文也有一些，如首都师范大学2005届李海荣的《北京妙峰山香会组织变迁研究》、北京师范大学2006届周全明的《康家营子弟大秧歌——对北京近郊一个调香老会信仰仪式和组织制度的考察》、华南师范大学2007届张义飞的《北京妙峰山民间武会研究》、首都师范大学2008届陈建丽的《北京妙峰山碑刻文献与香会（花会）组织的集体记忆》等。

进入21世纪，中国社会科学院、北京大学、中国农业大学、北京师范大学以及中央民族大学等高校及科研机构多次组织学生于庙会期间到妙峰山进行系统调研，并跟踪京城香会的传承与发展。其中较为突出的一个是中国社会科学院贺学君研究员与日本学者樱井龙彦组织北京师范大学、北京大学等单位的多位研究生于2004—2005年庙会期间对妙峰山的香会组织进行了全程、集中调查，并汇编成研究报告——《关于妙峰山庙会的民众信仰组织

（香会）及其活动的基础研究》⑰，该报告书收集了大量香会进香实物图片资料、香会会首访谈资料、观察记录以及相关活动资料，为后来研究者保留了珍贵的一手资料。另一个则是中国农业大学孙庆忠教授及其本科教学实验团队，自2005年以来，孙庆忠带领中国农业大学社会学系的本科生对妙峰山庙会及香会组织进行系统调查，整合数届学生之力分别对几十个香会及其活动的村落进行调查，为我们呈现了日常生活视野下的这些民间组织的常态与非常态生活。⑱

这些研究，"无论问题意识还是研究方法，无论直接沿着顾颉刚的路径，还是试图超越甚至背离顾颉刚的路径，都或隐或显受到顾颉刚等人的影响。顾颉刚等民国同人的研究不仅影响到学界对妙峰山的认知，也影响到民间香会/花会团体乃至妙峰山管理处、政界对妙峰山及香会/花会的认知，这些认知又反过来影响着调查者与研究者，由是循环往复夹杂在一起，使妙峰山成为历史与现实相交织、众说纷纭的一座圣山与取之不尽的研究对象"⑲。

民俗事象不同于其他研究对象，它是带有信仰性质的。本地方民间民俗学者一般受制于其固有文化传统的影响，同一文化认同感往往使其研究或多或少会带有一定的情感因素，容易掺杂信仰的成分在其中，而专业学者则不同，他们多数并不是本文化圈中的成员，一般是站在"局外人"的立场进行研究，对于这些研究对象基本上能够保持中立的态度，而且其研究也更加系统化和理论化。但是，正因为是"局外人"，对于民俗事象的最内核层面的文化因素未必能够看得清楚，因此可能会造成各种各样的曲解，有时甚至是意义相反。

## 第三节　非遗保护语境下对妙峰山庙会的研究与解读

中国政府在进入21世纪之后积极推动的非物质文化遗产保护政策，对于传统民间文化的传承与保护无疑有着里程碑式的重要意义。2006年，妙峰山庙会被批准为北京市首批非物质文化遗产，2008年成功入选第二批国家级非物质文化遗产庙会类第一个项目，这对于妙峰山景区和妙峰山庙会而言都是千载难逢的契机。在此之前，庙会类项目只有北京的厂甸庙会入选第一批国家级非物质文化遗产名录，而厂甸庙会与其他依托于寺庙而举办的庙会不同，它不依托于任何寺庙，而是依托于文化重地琉璃厂，因此基本上没有宗教信仰的成分。妙峰山庙会则不一样，它是基于碧霞元君

图8-3-1：妙峰山庙会入选北京市非物质文化遗产名录

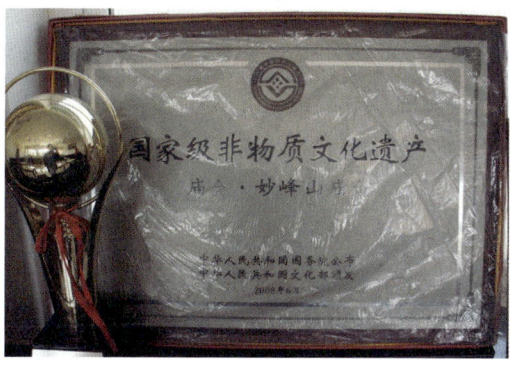

图8-3-2：妙峰山庙会入选国家级非物质文化遗产名录

信仰而产生的以民俗信仰为主导的庙会，能够入选国家级非物质文化遗产，表明在某种层面妙峰山庙会已经得到了相当的认可，而当年来妙峰山进香的各香会（主要是武会）则被当成民间文艺而位列非物质文化遗产名录。二者之间只有在去妙峰山进香时才发生关联，平时各种花会（香会）更多的是参与政府组织的各种节庆表演以及自己承接的商业演出，其性质与之前的"争洋斗胜，花钱买脸"的纯粹非营利性进香组织完全发生了改变，其传承与发展亦如其他非物质文化遗产项目一样，在现代化、城镇化过程中出现种种阵痛与异化。

在这样的背景下，很多学者对妙峰山庙会及进香花会的研究与解读就相比于之前似乎更加"仗义"，不用再半遮半掩，担心民间信仰的政治合理性，而是可以光明正大地在非遗的框架下大胆讨论。而且在学者的支持下，妙峰山庙会景区的态度也有了改变，"2005年7月17日，妙峰山为申报非物质文化遗产国家级名录，召开会首会议对花会进行普查，公开改用'香会'，2005年8月14日召开秋季庙会联谊会，签到表也开始改用'香会'"⑳。在其提交给原文化部和中国非物质文化遗产保护中心的国家级非物质文化遗产项目申报书上，也不再提"花会"，而是使用"香会"一词。对于进香的传统香会组织，也引导他们尽可能地遵从传统的进香规矩和程式，以便更贴近非物质文化遗产的保护理念，以证实自己的"文化合法性"身份。在对外宣传上，也更加强调其历史长久性和"原汁原味的庙会民俗风情"，打造自己的传统文化"代言人"身份，以便"在当下易变同时复杂的主流话语中获得生存权"。㉑从现实利益角度考虑，他们也牢牢抓住"民俗旅游"这块大饼，靠在"民俗文化"与"民俗信仰"之间以打"擦边球"的方式求得生存。

如何在非物质文化遗产保护的语境下进行民俗学研究是当代民俗学者比较关注的问题，著名妙峰山庙会研究学者吴效群指出，"民俗学与非物质文化遗产保护的真正意义是从知识论的角度研究、保护人民大众传统的知识创造。在全球化时代以前，尤其是各

图8-3-3：妙峰山香会博物馆

个国家独立地追求以工业化为目标的现代化时期，本土文化、民众传统文化的价值被忽略，也很少有人认识到文化多样性的意义；全球化局面出现后，西方文化一马当先，各种丰富多彩的本土文化大量消失，人们才意识到问题的严重性与紧迫性。非物质文化遗产保护的出现，是人类理性的胜利，是现代知识体系完整性的需要，是历史的必然"[22]。所以，要充分认识到"民俗学与非物质文化遗产保护工作内在的统一性"，民俗学需要一个内在的转向——从非物质文化遗产的角度进行研究和认识，通过非物质文化遗产保护实现民俗学学科的发展和进步。可以说，当代非物质文化遗产保护理念为妙峰山庙会及民间香会的研究提供了新的研究视野和范式，许多学者已经开始转变思路，从非遗保护的角度来探究此问题。

近些年来，一些学者在对妙峰山庙会及传统香会进行持续调研的基础上，形成了自己的专题研究，并出现了几个比较突出的研究团队：樱井龙彦、贺学君团队，岳永逸团队及孙庆忠团队等。[23]如果说樱井龙彦、贺学君团队还是在传统民俗学的范式中来研究妙峰山庙会的话，那么岳永逸、孙庆忠等人则已经有意识地从非遗保护的角度来审视此问题。岳永逸团队承接的是国家社科基金特别委托项目《中国节日志》的子项目"妙峰山庙会"，受制于项目本身的要求——借鉴中国传统志书与现代民族志、民俗志的写作方式，力求全面、系统、科学地记述节日的历史与现状——内容包括综述、志略、调查报告三部分，调查报告部分"强调节日活动在具体时空中的情况和节日中重要的、具体的事项，应更多强调具体人物在具体时间和地点的节日文化实践"[24]。《中国节日志·妙峰山庙会》[25]既对妙峰山庙会的起源、传承、流布、组织、变迁、现状、活动基本内容及过程、日常生活的意义等进行了综述性介绍，也对其基本要素按照辞书条目的方式做了简略介绍；调查报告部分则通过实地调查和文献梳理，突出了亲历性、现场感、时代感和地域民族性，兼具通志和时代性双重属性，是很好的参考材料。孙庆忠团队经过多年在妙峰山调研，结集出版了三本调研文集：《妙峰山：民间文化的记忆与传承》（2011）、《妙峰山：香会组织的传承与处境》（2011）及《妙峰

图8-3-4：神采奕奕的女鼓手

山：香会志与人生史》(2013)㉖，其研究的重心从山上转移到山下，着重关注了香会赖以生存的社会生态环境、香会组织的传承与发展、会首个人的经历等。

中央民族大学2012届博士研究生张占敏的博士论文《都市村落中的传统舞蹈的传承——北京红寺地秧歌的主体实践研究》、北京师范大学2013届博士生张青仁的博士论文《个体的香会——近百年来北京城"井"字里外的社会、关系与信仰》㉗以及中国传媒大学博士后萧萍的《妙峰山进香花会音乐的当代遗续》关注的也是香会组织。孙庆忠、张占敏、张青仁及萧萍都把香会组织作为一个独立的个体研究对象看待，其最直接的动因就是在我国的非物质文化遗产名录体系中，北京市诸多香会组织已经被认定为非物质文化遗产项目，仅国家级的就有石景山太平鼓、怪村太平鼓、小红门地秧歌、延庆旱船、白纸坊太狮、花钹大鼓、太子务武吵子、天桥中幡八项，北京市及各区县级的项目就更多了。这些项目都归为传统舞蹈或者传统武术，算是民间艺术的范畴，都有意无意地避开了其朝庙进香的最基本功能，试图与庙会的民俗信仰这一较为敏感的内容拉开距离，尽管不可能完全撇清二者的关系。

在非物质文化遗产保护背景之下，以孙庆忠、岳永逸、张占敏、张青仁、萧萍等为首的新一代中青年学者，他们企图突破顾颉刚乃至吴效群等前辈学者的研究定式，不满足于将香会组织仅作为妙峰山庙会的附属存在进行研究，而是将"香会"作为主体，关注其在每年短暂的"朝顶进香"之外，回归世俗生活以后的传承与发展状况。张占敏分析了红寺地秧歌作为传统的"乡民艺术"在申报为国家级非物质文化遗产项目后的保护与传承方面所遭遇的诸多问题。张青仁重点关注了香会本身的谱系与生态问题，"将香会还归到参与香会的个体的生活世界，香会所置身的街区、村落的日常生活之中、之外，听其言，观其行，品其性，会其心，叙写他们的喜与忧、争与斗、分与合、圣与俗、新与旧"㉘。萧萍则是从音乐学的角度，研究在村落或社区空间中，各档音乐花会组织的"音乐民俗活动的社会意义和音乐形态如何进行空间转换和文化调适的问题……重点研究在全球一体化和城市化的当今北京,传统音乐文化和现代城市文化如何不断地交替、糅合、变异和冲突等一系列现象,分析传统民间花会如何依托古老的庙会进香传统建构自身的存在价值,如何在现代化城市环境中谋求生存和调适其生存方式以求建立自己的'新传统'等一系列文化现象"㉙。此外还有中国音乐学院2010届硕士研究生张帆也以《北京顺义大胡营村高跷会调查报告》为题来撰写自己的硕士学位论文。这些学院派学者都是基于现时代非物质文化遗产保护的范畴来进行研究和探讨的,总体上有"去圣归凡"的趋势,无论是对庙会还是对香会,都力图去除其原初的基于信仰而产生的"神圣性"光圈,更强调其作为民俗旅游景点或者民间文艺的世俗性特征和现实存在。

同样是在非物质文化遗产保护背景之下,著名的北京民俗学家及民间文艺学家包世轩先生的研究则更注重于历史考据,这也可能与其个人履历有关:包世轩先生自1980年以来,历任北京市门头沟区文物事业管理所所长,北京石刻艺术博物馆研究部主任,西周燕都遗址博物馆书记、副馆长,北京市古代建筑研究所副所长,北京联合大学北京文化史研究所兼职研究员,北京民间文艺家协会副会长等职,是一位典型的学者型文化官员。与学院派学者不同,他长期在北京文化、文物保护的一线工作,对北京的建筑、民俗、宗教、古村落、文艺等都有深入研究,出版了《西山问道集》《抱瓮灌园集》《北京佛教史地考》《北京佛教人物考》《问不倒的导游——中国传统建筑》《文化密码:传统建筑》《京西幡乐》《京西太平鼓》《妙峰山庙会》(上、下)等诸多研究北京文化的著作,他的两卷本《妙峰山庙会》(上、下)对妙峰山诸多事项考据是最为完备的,如妙峰山"金顶"之来历,"敕造惠济祠"匾额与妙峰山的关系、妙峰山作为道教宫观为何由和尚管理等,尤其是辑录了一些妙峰山香道史事、妙峰山史籍文献、妙峰山碑文等,对后来研究者而言都是不可多得的参考材料。包世轩先生作为学

图8-3-5：在《今天是个好日子》的乐曲声中，英姿飒爽的女子大鼓队边鼓边舞

院派之外的文化学者，重考证、考据是其所长，但同时，他并未像学院派学者那样在民俗学、社会学或非遗保护学等学科体系下建构自己的理论范式，这也使我们可以用另外一种视角来看待妙峰山庙会及香会。

总之，从学术研究的角度而言，妙峰山庙会作为中国民俗学研究的开端，对其的研究一直贯穿中国民俗学发展的进程，从某种意义而言，妙峰山庙会对中国民俗学而言也有了一种"神圣化"的意义，甚至被冠以中国民俗学的"发源地"之名而备受崇拜，无数青年学者都将这里作为民俗学的"圣地"进行考察和研究，某种程度上，这种考察还带有一定的学术"朝圣"的意味，即沿着顾颉刚等民俗学前辈的研究足迹前行，以表明自己学术的正统性。不过，目前，在非物质文化遗产保护理论框架下，对妙峰山庙会的研究又开始出现去"神圣化"的反思。妙峰山庙会究竟是什么？我们要研究什么？或许每个研究者在不同的研究方向上都有自己不同的答案。

[ 注释 ]

① 胡逢祥:《从北大国学门到清华国学研究院——对现代高校学术机构体制与功能的一项考察》,《中国图书评论》2006年第10期。

② 施爱东:《中国现代民俗学检讨》,社会科学文献出版社2010年版,第62页。

③ 顾颉刚:《妙峰山琐记》序,国立中山大学民俗学会1929年版。

④ 施爱东:《中国现代民俗学检讨》,社会科学文献出版社2010年版,第48页。

⑤ 本段所引皆出自李景汉《妙峰山"朝顶进香"的调查》,《社会学杂志》第二卷,1925年第五、六号合刊。

⑥ 施爱东:《中国现代民俗学检讨》,社会科学文献出版社2010年版,第48页。

⑦ 剪辑成了纪录短片《妙峰山朝圣》(*Pilgrimage To Miao Feng Shan*)。

⑧《妙峰山庙会习俗考察第一人》,引自"拙翁的博客",http://blog.sina.com.cn/s/blog_6459f3a00100hi97.html。

⑨ 以上皆引自顾颉刚《妙峰山琐记》序,载奉宽《妙峰山琐记》,国立中山大学民俗学会1929年版。

⑩《妙峰山庙会习俗考察第一人》,引自"拙翁的博客",http://blog.sina.com.cn/s/blog_6459f3a00100hi97.html。

⑪ 金禅雨编辑:《妙峰山指南》,名胜导游社1936年版,第7页。

⑫《八十年来妙峰山民俗研究概述》,载"拙翁的博客",http://blog.sina.com.cn/s/blog_6459f3a00100h590.html。

⑬《八十年来妙峰山民俗研究概述》,载"拙翁的博客",http://blog.sina.com.cn/s/blog_6459f3a00100h590.html。

⑭ 马淑琴:《妙峰金顶那道紫色的圣光》,《北京文学》2018年第7期。

⑮ 刘文:《纪念妙峰山民俗考察80周年学术研讨会召开暨中国民俗学调查纪念碑落成》,《民间文化论坛》2005年第3期。

⑯ 吴效群:《妙峰山:北京民间社会的历史变迁》,人民出版社2006年版;《走进象征的紫禁城:北京妙峰山民间文化考察》,广西人民出版社2007年版。

⑰ [日]樱井龙彦、贺学君主编:2004—2005年度日本文部科

学省科学研究会补助金《萌芽研究》研究成果报告书，2006年。

⑱李华伟:《朝向日常生活的妙峰山研究：二十年来妙峰山庙会研究的回顾与反思》,《民间文化论坛》2017年第6期。

⑲同于⑱。

⑳贺学君:《金顶妙峰山庙会香会登记情况的调查报告》,载民俗学论坛／民俗学博客，https://www.chinesefolklore.org.cn/blog/?37/viewspace-737。

㉑李华伟:《非物质文化遗产对妙峰山庙会之影响——以妙峰山庙会申报非遗前后的活动为中心》,《民间文化论坛》2014年第6期。

㉒吴效群:《回到原点：非物质文化遗产保护背景下的中国民俗学研究》,《山东社会科学》2011年第5期。

㉓李华伟:《朝向日常生活的妙峰山研究：二十年来妙峰山庙会研究的回顾与反思》,《民间文化论坛》2017年第6期。

㉔《〈中国节日志〉(文本)撰写方案详解》,https://www.docin.com/p-1121824962.html。

㉕光明日报出版社2014年版。

㉖三本著作均由知识产权出版社出版。

㉗后以《行香走会：北京香会的谱系与生态》为题，由中央民族大学出版社于2016年出版。

㉘岳永逸:《行香走会：北京香会的谱系与生态》序,载张青仁《行香走会：北京香会的谱系与生态》,中央民族大学出版社2016年版。

㉙萧萍:《妙峰山进香花会音乐的当代遗续》内容简介,中央编译出版社2017年版。

# 后　记

"山不在高，有仙则名。"妙峰山之闻名，也是在于山顶的老娘娘有名。数百年来，以碧霞元君信仰为核心的妙峰山庙会不仅是京畿一带乃至华北地区民众的信仰中心，也是近百年来中国民俗学的圣地，自顾颉刚先生起，前后几代中国民俗学者都把这里作为自己学术研究的起点，其地位不可小觑。

"缘分"都是在偶然间结成的，我与妙峰山结缘也是如此。2012年暮春，因为参与了一项有关宗教非遗的课题，正在筛选合适的考察项目，偶然间获知京西妙峰山庙会即将开幕，于是就趁着五一假期，约着同伴一起欣欣然上山了，颇有点"借佛游春"的意味，事先也并未做太多准备。那时想当然地以为这里的庙会和别处应该差别不大，迎神赛会全国各地都很常见，这里的情形也大抵如此吧。可是，到了山顶，我才见识到原来庙会进香有这么多规矩，并初次了解到百年前妙峰山古香道竟然如此繁华，居然还有那么多茶棚、香会专门为进香者提供各种周到的义务服务，甚至还基于"朝顶进香"活动营造出一个与现实社会完全不同的"进香社会"！惊讶之状不亚于刘姥姥进了大观园！在山上，我们还遇到了一位极其虔诚的老奶奶——德清鲜花圣会的会首陈德清，当时她已是84岁高龄的耄耋老人，仍然精神矍铄地为碧霞元君坐棚守驾。陈奶奶原本为丰台花乡的花农，她自孩童时就跟着家中长辈朝顶进香。20世纪90年代，妙峰山庙会恢复以后，她每年都要上山进香。那时卖掉一盆鲜花仅赚几分钱，但她们四姐妹却靠着卖花为妙峰山捐献香火钱数万元，而且还成立了以她为会首的德清鲜花圣会，每次庙会，她都在女儿、女婿的守护下，在山顶为老娘娘守驾半个月。

那一年，我们和老奶奶聊得特别开心，她还邀请我们共进午餐。

　　自山上归来，我就遍查一切与妙峰山庙会相关的资料，并写了一篇约两万字的调查报告。但是总觉得不够深入，妙峰山一直是我放不下的心结。我想再深入探究一下，山顶的老娘娘究竟有何魅力，使得400年来无论是皇亲国戚还是黎民百姓都甘愿放下身段，翻山越岭、费力贴钱来为她"当差"！于是我又一次次上山来，只为了却这个心结。今年庙会期间，我在山顶又碰到了在这里坐棚守驾的陈德清老奶奶和她的德清鲜花圣会茶棚，年逾九旬的陈奶奶神志已不大清醒，她表情木讷地坐在轮椅上守在自家茶棚前，不时有前来进香的香会会首到她面前打招呼，但她都毫无回应，有打知的也都是身旁的女儿代为回礼。外面的世界于她已成陌生，但她对碧霞元君的虔诚信仰却丝毫未变！那一刻起，我明白自己已经找到了答案！于是就有了这本小书。

　　此书得以完成，首先要感谢吾师田青先生，跟随先生身边多年，他的言传身教都让我受益匪浅，尤其是他对非物质文化遗产保护事业的执着坚守，更让我感觉责任重大。其次要感谢文化艺术出版社的王红女士，每每遇到阻力，都是在她的鼓励下才坚持下来，她为此书的顺利出版耗费了诸多心血。再次，要感谢张亚昕、张凤淑、胡翔、翟延闯、张雯影、高斯琦、李致伟等师友，他们为本书插图提供了很多帮助。最后，要感谢文化艺术出版社杨斌社长以及责任编辑齐大任老师，还有各位美编、校对老师，他们都为此书付出了辛勤的劳动。

　　我的家人乃是我的永久动力和坚强后盾！

2019年夏日

图书在版编目（CIP）数据

妙峰山庙会 / 翟风俭著 . — 北京：文化艺术出版社，2019.8

（中国非物质文化遗产代表作丛书 / 王文章主编）

ISBN 978-7-5039-6756-6

Ⅰ.①妙… Ⅱ.①翟… Ⅲ.①庙会-风俗习惯-介绍-北京 Ⅳ.①K892.1

中国版本图书馆CIP数据核字（2019）第158924号

（本书所用图片除已署名者外，均由作者提供版权）

## 妙峰山庙会

| | |
|---|---|
| 著　　者 | 翟风俭 |
| 责任编辑 | 齐大任 |
| 书籍设计 | 江慕青 |
| 出版发行 | 文化艺术出版社 |
| 地　　址 | 北京市东城区东四八条52号　（100700） |
| 网　　址 | www.caaph.com |
| 电子邮箱 | s@caaph.com |
| 电　　话 | （010）84057666（总编室）　84057667（办公室） |
| | （010）84057696—84057699（发行部） |
| 传　　真 | （010）84057660（总编室）　84057670（办公室） |
| | （010）84057690（发行部） |
| 经　　销 | 全国新华书店 |
| 印　　刷 | 鑫艺佳利（天津）印刷有限公司 |
| 版　　次 | 2019年8月第1版 |
| 印　　次 | 2019年8月第1次印刷 |
| 开　　本 | 700毫米×1000毫米　1/16 |
| 印　　张 | 19 |
| 字　　数 | 250千字　图片204余幅 |
| 书　　号 | ISBN 978-7-5039-6756-6 |
| 定　　价 | 78.00元 |

版权所有，侵权必究。如有印装错误，随时调换。